어휘로 잡는

빵빵 독해

초등 세계사 3

글 이흔 | 그림 허아성, 조승연

웅진주니어

이 책의 특징

❝ 어휘를 알면 독해가 쉽다! 어휘력을 빵빵하게 키워 독해를 쉽게 할 수 있습니다.

글을 읽고도 무슨 뜻인지 모르는 이유가 무엇일까요? 글을 읽고 그 내용을 이해하는 능력인 독해력이 부족하기 때문입니다. 독해력은 문장을 읽고 이해하는 능력인 문해력과도 연결됩니다. 문해력을 기르려면 어휘력이 바탕이 되어야 합니다. 『어휘로 잡는 빵빵 독해』에서는 어휘의 의미와 쓰임을 다양한 상황으로 구성해 보여 줌으로써 아이들이 어휘를 쉽게 이해할 수 있게 하였습니다. 또한 이렇게 익힌 어휘를 짧은 문장으로 확인하는 문제를 통해 문해력을 키우고 긴 글까지 확장해 이해할 수 있도록 하였습니다.

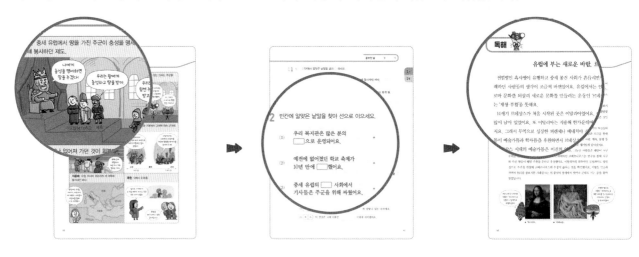

❝ 역사 교과와 연계한 독해 프로그램으로, 교과 지식을 넓힐 수 있습니다.

중등 역사 교과서에 나오는 주제로 구성된 다양한 지문을 통해 독해 능력을 키우고 교과 공부에 필요한 기초 지식도 키울 수 있도록 하였습니다. 또 '교과서 속 세계 인물'을 통해 중등 역사 교과서에 나오는 인물들의 이야기를 읽어 보는 경험을 할 수 있습니다.

주	일차	학습 주제	주	일차	학습 주제
1주 근대 유럽	1	르네상스	**3주** 근대 서아시아와 인도 외	1	오스만 제국의 번성
	2	신항로 개척		2	오스만 제국의 개혁
	3	유럽의 아메리카 대륙 진출		3	무굴 제국의 성립과 발전
	4	종교 개혁		4	인도의 세포이 항쟁
	5	절대 왕정의 시대		5	아프리카와 아시아의 저항 운동
2주 근대 유럽과 아메리카	1	산업 혁명	**4주** 근대 동아시아	1	명나라의 발전과 쇠퇴
	2	프랑스 혁명		2	청나라의 번영
	3	미국 혁명		3	아편 전쟁과 중국의 개항
	4	남북 전쟁과 미국의 발전		4	일본의 근대화
	5	세계를 분할한 제국주의		5	중화민국의 탄생
교과서 속 세계 인물			교과서 속 세계 인물		

한 번에 끝내자! 오늘 학습은 오늘 끝내는 성취감을 느낄 수 있습니다.

어휘와 독해를 하루에 하나씩! 1주 6일, 4주 한 권 완성으로 학습 성취감을 높입니다. 부담 없이 학습할 수 있도록 쉽고 간결하게 구성하였으며, 날마다 학습한 날짜를 기록하면서 아이 스스로 꾸준히 학습할 수 있도록 하였습니다.

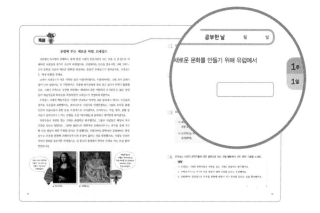

친근한 빵 친구들이 어휘와 독해 학습의 재미를 높여 줍니다.

또띠
똑소리 나는 토르티야. 아는 것이 많고 생각도 많다. 모르는 게 있으면 빨리 알아봐야 직성이 풀리는 성격. 그래서 머리에 항상 돋보기, 스마트폰 등을 넣고 다닌다.

빵이

푸근한 식빵. 웃음이 많다. 감정이 풍부하여 잘 웃고, 부끄러움을 잘 탄다. 새로운 사실을 알았을 때는 얼굴이 부풀었다 쭈그러들었다를 반복한다.

핫또야

장난꾸러기 핫도그. 심심한 걸 견디지 못해 케첩 같은 소스를 뿌려 대며 말썽을 일으키기도 하지만 악의는 없다.

롱이
수다쟁이 마카롱. 무조건 아는 척을 잘하며 모든 일을 참견하고 싶어 이곳저곳을 기웃거린다.

소라

수줍음이 많은 소라빵. 호기심도 많다. 무엇인가 골똘히 생각할 때는 커다란 모자에 몸을 숨기기도 하고, 놀라면 모자가 들썩이는 등 과한 리액션이 매력이다.

꽈리

투덜이 꽈배기. 무슨 일이든지 일단 투덜거리고 본다. 싫을수록 몸이 더 배배 꼬이고, 몸에 묻은 설탕을 털면서 온몸으로 거부한다.

어휘 독해를 하기 전에 독해 지문에 나오는 어휘의 뜻을 익힙니다.

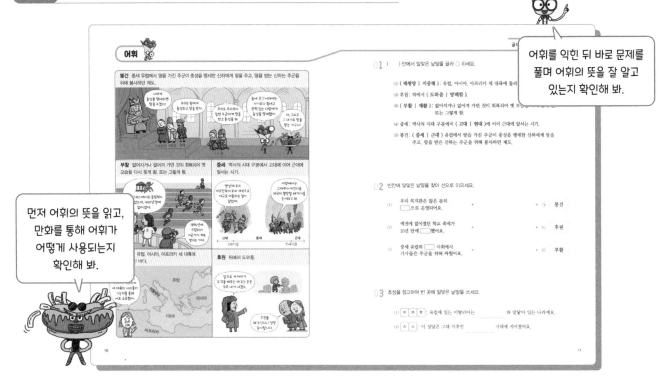

어휘를 익힌 뒤 바로 문제를 풀며 어휘의 뜻을 잘 알고 있는지 확인해 봐.

먼저 어휘의 뜻을 읽고, 만화를 통해 어휘가 어떻게 사용되는지 확인해 봐.

독해 중등 역사 교과서에 나오는 학습 주제를 담은 지문을 읽고 독해력을 기릅니다.

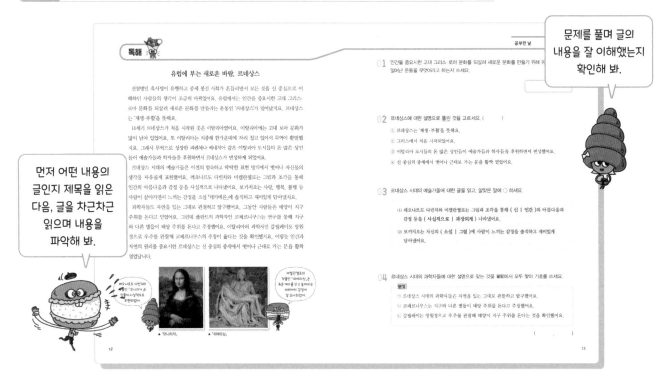

문제를 풀며 글의 내용을 잘 이해했는지 확인해 봐.

먼저 어떤 내용의 글인지 제목을 읽은 다음, 글을 차근차근 읽으며 내용을 파악해 봐.

복습 한 주 동안 배운 내용을 낱말 퍼즐, 사다리 타기, 미로 등의 다양한 활동을 통해 복습합니다.

전체 학습 분량 중
완료한 학습량 ——

—— 학습한 어휘 수

—— 학습한 지문 수

헷갈리거나 모르는 것이
있으면 앞으로 돌아가
내용을 확인한 뒤 문제를
풀어 봐.

왼쪽 면은 어휘를,
오른쪽 면은 독해 내용을
확인하는 활동으로
구성되어 있어.

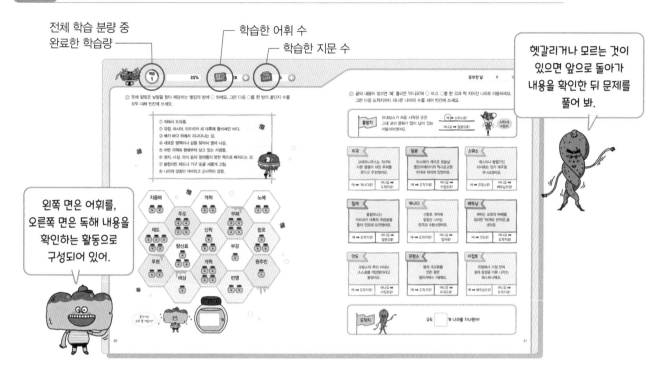

교과서 속 세계 인물 중등 역사 교과서에 나오는 인물들의 이야기를 읽어 봅니다.

학습 주제와 관련된
인물 이야기를
읽으며 내용을
파악해 봐.

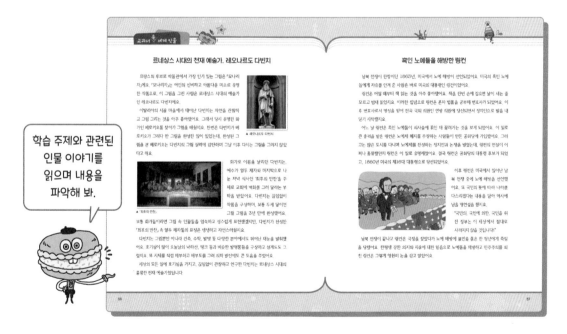

해답 어휘, 독해, 복습 문제의 해답을 확인합니다.

찾아보기 헷갈리거나 모르는 어휘를 찾아봅니다.

차례

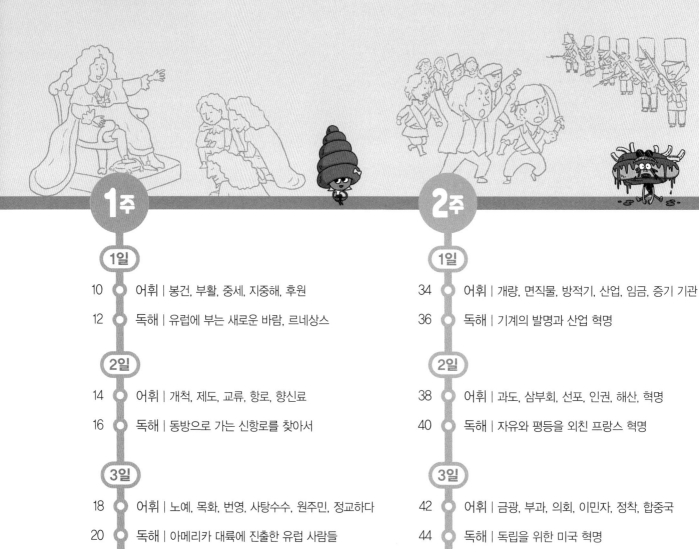

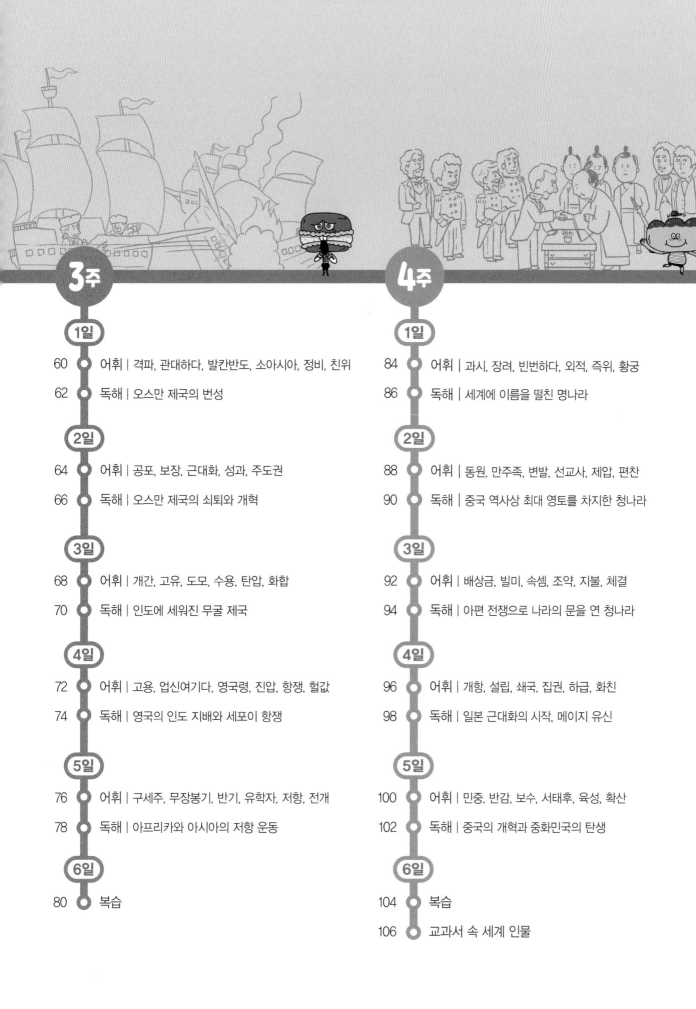

1주 근대 유럽

1일

어휘 | 봉건, 부활, 중세, 지중해, 후원
독해 | 유럽에 부는 새로운 바람, 르네상스

2일

어휘 | 개척, 제도, 교류, 항로, 향신료
독해 | 동방으로 가는 신항로를 찾아서

3일

어휘 | 노예, 목화, 번영, 사탕수수, 원주민, 정교하다
독해 | 아메리카 대륙에 진출한 유럽 사람들

5일

어휘 | 무적함대, 부강, 식민지, 왕권, 절대 왕정, 해상
독해 | 절대 왕정의 시대

4일

어휘 | 개혁, 반박문, 부패, 시녀, 신학, 주도
독해 | 교회의 부패와 종교 개혁

6일

복습

봉건 중세 유럽에서 땅을 가진 주군이 충성을 맹세한 신하에게 땅을 주고, 땅을 받은 신하는 주군을 위해 봉사하던 제도.

나에게 충성을 맹세하면 땅을 주겠다!

우리는 왕에게 충성하고 땅을 받아.

우리도 우리보다 힘센 주군에게 땅을 받고 충성을 해.

중세 봉건 시대에는 자기보다 힘세고 권력 있는 사람에게 충성을 맹세했어.

아, 그리고 그 대가로 땅을 받는 거구나!

왕

수도원장 대주교 제후

기사들

부활 없어지거나 없어져 가던 것이 회복되어 옛 모습을 다시 찾게 됨. 또는 그렇게 함.

고대 그리스에서도 올림픽이 열렸었는데, 400년경에 없어졌대.

1896년에 부활되어 지금까지 계속 열리는 거야.

중세 역사의 시대 구분에서 고대에 이어 근대에 앞서는 시기.

옛날에 우리 게르만족이 로마 제국으로 대규모 이동하는 일이 있었어.

서양에서는 그때부터 비잔티움 제국이 멸망할 때까지를 중세라고 해.

비켜라!

고대 ——— 중세 ——— 근대
5세기경   15세기경

지중해 유럽, 아시아, 아프리카 세 대륙에 둘러싸인 바다.

옛날에는 유럽, 아시아, 아프리카 세 대륙의 나라들이 지중해를 통해 서로 교류했어.

유럽
이탈리아
아시아
지중해
아프리카

후원 뒤에서 도와줌.

앞으로 저 아이가 조각을 배우는 데 드는 돈은 모두 내가 내겠소.

후원을 해 주신다니 정말 감사합니다.

01 ( ) 안에서 알맞은 낱말을 골라 ○ 하세요.

(1) (**태평양** | **지중해**): 유럽, 아시아, 아프리카 세 대륙에 둘러싸인 바다.

(2) 후원: 뒤에서 (**도와줌** | **방해함**).

(3) (**부활** | **재활**): 없어지거나 없어져 가던 것이 회복되어 옛 모습을 다시 찾게 됨.
　　　　　　　　　　또는 그렇게 함.

(4) 중세: 역사의 시대 구분에서 (**고대** | **현대**)에 이어 근대에 앞서는 시기.

(5) 봉건: (**중세** | **근대**) 유럽에서 땅을 가진 주군이 충성을 맹세한 신하에게 땅을
　　　　주고, 땅을 받은 신하는 주군을 위해 봉사하던 제도.

02 빈칸에 알맞은 낱말을 찾아 선으로 이으세요.

(1) 우리 복지관은 많은 분의 ☐으로 운영되어요.　　　　　　　•　　　•　㉠ 봉건

(2) 예전에 없어졌던 학교 축제가 10년 만에 ☐했어요.　　•　　　•　㉡ 후원

(3) 중세 유럽의 ☐ 사회에서 기사들은 주군을 위해 싸웠어요.　•　　　•　㉢ 부활

03 초성을 참고하여 빈 곳에 알맞은 낱말을 쓰세요.

(1) ㅈ ㅈ ㅎ : 유럽에 있는 이탈리아는 　　　　　　　와 맞닿아 있는 나라예요.

(2) ㅈ ㅅ : 이 성당은 고대 이후인 　　　　　　 시대에 지어졌어요.

유럽에 부는 새로운 바람, 르네상스

전염병인 흑사병이 유행하고 중세 봉건 사회가 흔들리면서 모든 것을 신 중심으로 이해하던 사람들의 생각이 조금씩 바뀌었어요. 유럽에서는 인간을 중요시한 고대 그리스·로마 문화를 되살려 새로운 문화를 만들려는 운동인 '르네상스'가 일어났지요. 르네상스는 '재생·부활'을 뜻해요.

14세기 르네상스가 처음 시작된 곳은 이탈리아였어요. 이탈리아에는 고대 로마 문화가 많이 남아 있었어요. 또 이탈리아는 지중해 한가운데에 자리 잡고 있어서 무역이 활발했지요. 그래서 무역으로 성장한 피렌체나 베네치아 같은 이탈리아 도시들의 돈 많은 상인들이 예술가들과 학자들을 후원하면서 르네상스가 번성하게 되었어요.

르네상스 시대의 예술가들은 이전의 엄숙하고 딱딱한 표현 방식에서 벗어나 자신들의 생각을 자유롭게 표현했어요. 레오나르도 다빈치와 미켈란젤로는 그림과 조각을 통해 인간의 아름다움과 감정 등을 사실적으로 나타냈어요. 보카치오는 사랑, 행복, 불행 등 사람이 살아가면서 느끼는 감정을 소설 『데카메론』에 솔직하고 재미있게 담아냈지요.

과학자들도 자연을 있는 그대로 관찰하고 탐구했어요. 그동안 사람들은 태양이 지구 주위를 돈다고 믿었어요. 그런데 폴란드의 과학자인 코페르니쿠스는 연구를 통해 지구와 다른 별들이 태양 주위를 돈다고 주장했어요. 이탈리아의 과학자인 갈릴레이도 망원경으로 우주를 관찰해 코페르니쿠스의 주장이 옳다는 것을 확인했지요. 이렇듯 인간과 자연의 원리를 중요시한 르네상스는 신 중심의 중세에서 벗어나 근대로 가는 문을 활짝 열었답니다.

레오나르도 다빈치의 작품인 「모나리자」는 인물이 사실적으로 표현되었어.

▲ 「모나리자」

▲ 「피에타상」

미켈란젤로의 작품인 「피에타상」은 죽은 예수를 안고 슬퍼하는 마리아의 감정이 잘 묘사되었어.

01 인간을 중요시한 고대 그리스·로마 문화를 되살려 새로운 문화를 만들기 위해 유럽에서 일어난 운동을 무엇이라고 하는지 쓰세요.

02 르네상스에 대한 설명으로 <u>틀린</u> 것을 고르세요. (   )

① 르네상스는 '재생·부활'을 뜻해요.

② 그리스에서 처음 시작되었어요.

③ 이탈리아 도시들의 돈 많은 상인들이 예술가들과 학자들을 후원하면서 번성했어요.

④ 신 중심의 중세에서 벗어나 근대로 가는 문을 활짝 열었어요.

03 르네상스 시대의 예술가들에 대한 글을 읽고, 알맞은 말에 ○ 하세요.

(1) 레오나르도 다빈치와 미켈란젤로는 그림과 조각을 통해 (신 | 인간)의 아름다움과 감정 등을 (사실적으로 | 과장되게) 나타냈어요.

(2) 보카치오는 자신의 (소설 | 그림)에 사람이 느끼는 감정을 솔직하고 재미있게 담아냈어요.

04 르네상스 시대의 과학자들에 대한 설명으로 맞는 것을 보기 에서 모두 찾아 기호를 쓰세요.

보기

㉠ 르네상스 시대의 과학자들은 자연을 있는 그대로 관찰하고 탐구했어요.

㉡ 코페르니쿠스는 지구와 다른 별들이 태양 주위를 돈다고 주장했어요.

㉢ 갈릴레이는 망원경으로 우주를 관찰해 태양이 지구 주위를 돈다는 것을 확인했어요.

(,   )

어휘

개척 새로운 영역이나 길을 찾아서 열어 나감.

> 아프리카에 물건을 팔 수 있는 새로운 길을 개척하다니, 정말 대단해!

> 오늘이 한국에서 만든 모자를 이곳 아프리카에서 처음 파는 날이야.

제도 모든 섬. 또는 여러 섬.

> 1만여 개가 넘는 크고 작은 섬들이 모여 있어.

> 여긴 아메리카에 있는 서인도 제도야.

바하마
대서양
쿠바
카리브해
아이티 도미니카 공화국
자메이카
콜롬비아
베네수엘라

교류 서로 다른 개인, 지역, 나라 사이에서 물건, 문화, 사상 등을 서로 주고받음.

> 이 아프리카 전통 악기는 어떻게 연주하는 거야?

> 앉아서 이렇게 손바닥으로 두드리는 거야.

> 한국 전통 악기인 장구는 이렇게 연주하는 거지?

> 맞아. 서로 악기 연주 방법을 가르쳐 주며 교류를 하니까 더 빨리 친해지는 것 같아.

퉁! 퉁!
덩~덕 쿵~덕!

항로 배가 바다 위에서 지나다니는 길.

> 빨간색 선이 현재 우리나라에서 유럽까지 배가 다니는 항로래.

> 파란색 선인 새로운 항로로 가면 유럽까지 더 빨리 갈 수 있대. 아직 탐사 중이지만.

유럽 러시아
아프리카 중국
인도양

향신료 음식에 매운맛이나 향기를 더하는 조미료.

> 요리에 필요한 향신료는 준비되었나?

> 매운맛을 내는 고추부터 고소한 깨까지 모두 준비했습니다!

고추   후추   파   생강   마늘   깨

14

01 낱말에 대한 설명이 맞으면 ○, 틀리면 ✕ 하세요.

> (1) '제도'는 삼면이 바다로 둘러싸인 땅을 말해요. ( )
>
> (2) '개척'은 파괴된 것을 이전의 상태로 되돌리는 것을 말해요. ( )
>
> (3) '항로'는 자동차 등이 땅 위에서 지나다니는 길을 말해요. ( )
>
> (4) '교류'는 서로 다른 개인, 지역, 나라 사이에서 물건, 문화, 사상 등을
>   서로 주고받는 것을 말해요. ( )
>
> (5) '향신료'는 음식에 매운맛이나 향기를 더하는 조미료를 말해요. ( )

02 빈칸에 알맞은 낱말이 차례대로 묶인 것을 고르세요. ( )

> "
> • 과학자들은 우주를 □□하기 위해 우주선을 끊임없이 개발해요.
>
> • 갈라파고스 □□는 독특한 생태계를 이루는 여러 개의 섬으로 이루어져 있어요.
>
> • 우리는 해적을 피해 다른 □□로 배를 몰았어요.
> "

① 개척 − 항로 − 제도   ② 제도 − 개척 − 항로

③ 개척 − 제도 − 항로   ④ 항로 − 개척 − 제도

03 ( ) 안에 알맞은 낱말을 보기 에서 찾아 기호를 쓰세요.

| 보기 | ㉠ 식음료 | ㉡ 교차 | ㉢ 교류 | ㉣ 향신료 |

(1) 여러 나라가 서로 ( )를
하니까 카레 같은 인도 음식을
우리나라에서도 먹을 수 있는 거야.

(2) 난 카레에
들어간 ( )의
향이 참 좋아.

동방으로 가는 신항로를 찾아서

　십자군 전쟁 후 동서양은 교류가 활발해졌어요. 유럽에서는 향신료 같은 동방의 물건들이 인기가 많았지요. 하지만 오스만 제국이 동방으로 가는 길인 지중해를 장악하고 동방 무역을 독차지하면서 향신료가 엄청 비싸졌어요. 그러자 유럽 사람들은 향신료를 싼값에 사기 위해 동방으로 가는 신항로를 찾을 수밖에 없었어요.

　신항로 개척에 앞장선 나라는 포르투갈과 에스파냐였어요. 포르투갈의 엔히크 왕자는 신항로 탐험을 적극 지원했어요. 그 결과 15세기 말 항해가인 바스쿠 다 가마는 포르투갈을 출발해 아프리카 대륙의 희망봉을 돌아 인도에 도착했어요. 유럽에서 동방으로 가는 신항로를 찾은 것이에요.

　이탈리아의 탐험가인 콜럼버스는 에스파냐의 지원을 받아 인도를 찾아서 서쪽으로 항해를 나섰어요. 하지만 약 두 달 뒤 콜럼버스가 도착한 곳은 인도가 아니라 아메리카 대륙의 서인도 제도였어요. 콜럼버스는 죽을 때까지 그 땅이 인도라고 믿었지요.

　포르투갈의 탐험가인 마젤란도 에스파냐의 지원을 받아 동방으로 가는 다른 항로를 찾아 나섰어요. 마젤란 일행은 대서양과 태평양을 거쳐 필리핀에 도착했어요. 하지만 마젤란은 그곳 원주민에게 죽임을 당하고 말았지요. 이후 남은 선원들은 항해를 계속해 에스파냐로 돌아왔고, 최초로 세계 일주에 성공했어요.

　신항로가 열리자 유럽에 큰 변화가 생겼어요. 아시아의 향신료, 차 등이 싼값에 들어오고 아프리카와 아메리카의 다양한 작물과 금, 은 등도 유럽으로 들어오면서 유럽 사람들의 생활이 풍요로워지고 경제가 크게 발전했답니다.

▲ 마젤란의 탐험로

01 유럽 사람들이 동방으로 가는 신항로를 찾은 이유를 고르세요. (   )

① 십자군 전쟁을 계속하기 위해서

② 오스만 제국을 무찌르기 위해서

③ 향신료를 싼값에 사기 위해서

④ 세계 일주를 하기 위해서

02 신항로 개척에 앞장선 나라를 모두 찾아 ○ 하세요.

| 오스만 제국 | 에스파냐 | 필리핀 | 포르투갈 | 인도 |

03 친구들이 설명하는 사람을 찾아 선으로 이으세요.

(1) 아프리카 대륙의 희망봉을 돌아 인도에 도착했어.

(2) 죽을 때까지 아메리카 대륙의 서인도 제도를 인도라고 믿었어.

(3) 대서양과 태평양을 거쳐 필리핀에 도착했어.

㉠ 마젤란   ㉡ 콜롬버스   ㉢ 바스쿠 다 가마

04 신항로가 열리고 유럽에 생긴 변화가 맞으면 ○, 틀리면 ✕ 하세요.

(1) 아시아의 향신료와 차 등이 비싼 값에 유럽으로 들어왔어요.   (   )

(2) 유럽의 작물과 금, 은 등이 아메리카로 빠져나갔어요.   (   )

(3) 유럽 사람들의 생활이 풍요로워지고 경제가 크게 발전했어요.   (   )

노예 옛날에 물건처럼 사고팔리어 남이 시키는 대로 일을 하는 사람.

목화 열매가 익으면 껍질 안에서 솜의 원료가 되는 흰색의 털이 붙은 씨가 나오는 농작물.

번영 어떤 사회나 조직이 세력이 커져서 물질적으로 넉넉해짐.

사탕수수 생김새는 수수와 비슷한데 마디 사이가 짧고 줄기에서 짠 즙으로 설탕을 만드는 풀.

원주민 어떤 지역에 원래부터 살고 있는 사람들.

정교하다 솜씨나 기술이 빈틈이 없이 자세하고 뛰어나다.

01 뜻에 알맞은 낱말이 되도록 글자를 모두 찾아 ○ 하세요.

(1) 어떤 사회나 조직이 세력이 커져서 물질적으로 넉넉해짐.

| 심 | 번 | 사 | 초 | 영 |

(2) 어떤 지역에 원래부터 살고 있는 사람들.

| 원 | 오 | 과 | 주 | 민 |

(3) 옛날에 물건처럼 사고팔리어 남이 시키는 대로 일을 하는 사람.

| 전 | 노 | 미 | 예 | 광 |

02 낱말의 뜻을 **보기** 에서 찾아 기호를 쓰세요.

보기

㉠ 열매가 익으면 껍질 안에서 솜의 원료가 되는 흰색의 털이 붙은 씨가 나오는 농작물.

㉡ 솜씨나 기술이 빈틈이 없이 자세하고 뛰어나다.

㉢ 생김새는 수수와 비슷한데 마디 사이가 짧고 줄기에서 짠 즙으로 설탕을 만드는 풀.

(1) 정교하다 (   )   (2) 사탕수수 (   )   (3) 목화 (   )

03 밑줄 친 낱말이 바르게 쓰인 것을 모두 찾아 ✔ 하세요.

(1) 동생과 나는 시간이 없어서 집 청소를 <u>정교하게</u> 했어요.

(2) 아프리카에 갔다가 그곳에서 원래부터 살고 있는 <u>원주민</u>들을 만났어요.

(3) 농부는 밭에서 <u>목화</u>를 따서 솜을 얻었어요.

(4) 신분이 높은 <u>노예</u>들이 화려한 옷을 입고 무도회에서 춤을 추었어요.

(5) 단맛이 나는 설탕은 <u>사탕수수</u> 줄기에서 짠 즙으로 만들어요.

(6) 계속되는 외적의 침입으로 나라가 <u>번영</u>했어요.

아메리카 대륙에 진출한 유럽 사람들

유럽 사람들이 신항로 개척으로 아메리카 대륙에 들어
오기 이전부터 아메리카 대륙에는 아스테카 제국과 잉카
제국이 번영을 누리고 있었어요.

아스테카 제국은 오늘날 중앙아메리카의 멕시코고원
지대에 위치해 있었어요. 아스테카 사람들은 그림 문자
와 달력을 사용했으며, 거대한 피라미드 모양의 신전을
짓고 태양신을 비롯한 여러 신을 섬겼지요.

남아메리카에는 안데스산맥을 따라 넓은 지역에 잉카 제국이 있었어요. 잉카 사람들
은 거대한 돌을 정교하게 다듬어 성벽을 쌓고 산비탈을 깎아 계단식 밭을 만들어 도시
를 건설했어요. 이 도시가 '마추픽추'예요.

16세기 아스테카 제국과 잉카 제국은 황금을 찾아 아메리카 대륙으로 몰려온 에스파
냐 사람들에게 짓밟히기 시작했어요. 탐험가인 코르테스는 군대를 이끌고 아스테카 제
국에 나타나 사람들을 죽이고 아스테카 제국을 차지했어요. 또 다른 탐험가인 피사로는
잉카 제국을 무너뜨렸지요.

아스테카 제국과 잉카 제국이 무너진 뒤, 유럽의 여러 나라가 아메리카 대륙으로 몰려
왔어요. 유럽 사람들은 사탕수수, 목화 등을 기르는 큰 농장을 만들고 아메리카 원주민
들에게 강제로 일을 시켰지요. 일할 사람이 부족하자, 유럽 사람들은 아프리카 대륙에
서 그곳 원주민들을 데려와 노예로 부렸어요. 노예가 된 아프리카 원주민들은 아메리카
대륙에서 죽을 때까지 가혹한 노동에 시달려야 했답니다.

01 유럽 사람들이 아메리카 대륙에 들어오기 이전부터 아메리카 대륙에서 번영을 누리고 있던 두 나라의 이름을 쓰세요.

> [,   ]

02 아스테카 제국과 잉카 제국에 대한 설명으로 <u>틀린</u> 것을 모두 고르세요. (,   )

① 아스테카 제국은 안데스산맥을 따라 넓은 지역에 있었어요.

② 아스테카 사람들은 태양신을 섬겼어요.

③ 잉카 사람들은 마추픽추를 건설했어요.

④ 잉카 제국은 오늘날 중앙아메리카에 위치해 있었어요.

03 아스테카 제국과 잉카 제국에 대한 글을 읽고, 알맞은 말에 ○ 하세요.

> 16세기 아스테카 제국과 잉카 제국은 (포르투갈 | 에스파냐) 사람들에게
> 짓밟히기 시작했어요. (코르테스 | 피사로)는 아스테카 제국을 차지했고,
> (코르테스 | 피사로)는 잉카 제국을 무너뜨렸어요.

04 유럽 사람들이 아메리카 대륙에 진출한 뒤에 일어난 일을 바르게 말한 친구를 찾아 ○ 하세요.

아메리카 원주민들이 유럽 대륙으로 몰려갔어.

또띠

유럽 사람들이 아메리카 원주민들에게 강제로 일을 시켰어.

꽈리

아프리카 원주민들이 아메리카 원주민들을 노예로 부렸어.

핫또야

어휘

개혁 불합리한 제도나 기구 등을 새롭게 고침.

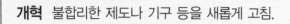

반박문 어떤 의견이나 주장 등에 반대하는 내용을 적은 글.

부패 정치, 사상, 의식 등이 정의롭지 못한 쪽으로 빠져드는 것.

시녀 항상 곁에서 여러 가지 심부름을 하는 여자.

신학 신과 인간 세계의 관계 또는 종교의 기본 원리와 신앙생활의 윤리 등을 연구하는 학문.

주도 중심이 되어 어떤 일을 이끎.

01 뜻에 알맞은 낱말을 **보기** 에서 찾아 (　　) 안에 기호를 쓰세요.

보기	㉠ 반박문	㉡ 신학	㉢ 주도	㉣ 개혁	㉤ 부패	㉥ 시녀

(1) 중심이 되어 어떤 일을 이끎.　　　　　　　　　　　　　　　(　　)

(2) 항상 곁에서 여러 가지 심부름을 하는 여자.　　　　　　　　(　　)

(3) 신과 인간 세계의 관계 또는 종교의 기본 원리와 신앙생활의 윤리 등을
　　연구하는 학문.　　　　　　　　　　　　　　　　　　　　(　　)

(4) 정치, 사상, 의식 등이 정의롭지 못한 쪽으로 빠져드는 것.　　(　　)

(5) 어떤 의견이나 주장 등에 반대하는 내용을 적은 글.　　　　　(　　)

(6) 불합리한 제도나 기구 등을 새롭게 고침.　　　　　　　　　　(　　)

02 빈칸에 알맞은 글자를 모두 찾아 ○ 하세요.

(1) □□는 공주의 심부름을 하느라 바빴어요.　　　｜ 경 ｜ 시 ｜ 점 ｜ 녀 ｜

(2) 동생이 엄마 생신 잔치를 계획하고 □□했어요.　｜ 주 ｜ 신 ｜ 황 ｜ 도 ｜

03 □□ 안에서 알맞은 낱말을 골라 ○ 하세요.

(1) 우리는 동아리 방을 없애자는 주장에 반대하는 ｜ 반성문 ｜ 반박문 ｜ 을 썼어요.

(2) 국회 의원들이 잘못된 제도를 ｜ 개혁 ｜ 개국 ｜ 하자고 주장했어요.

(3) 정의롭지 못한 ｜ 부패 ｜ 정직 ｜ 한 관리들은 모두 처벌을 받았어요.

(4) 목사가 되려면 반드시 ｜ 신학 ｜ 법학 ｜ 을 공부해야 해요.

교회의 부패와 종교 개혁

16세기 르네상스가 유럽 곳곳으로 퍼져 나갈 무렵, 사람들은 날로 부패해 가는 가톨릭교회를 비판했어요. 이러한 때 교황이 성 베드로 대성당을 고치는 데 드는 돈을 마련하려고 사람들에게 면벌부를 팔았어요. 교황은 면벌부를 사면 죄를 용서받을 수 있다고 했지요. 그러자 독일의 대학에서 신학을 가르치는 루터가 진심으로 잘못을 뉘우치면 면벌부가 없어도 죄를 용서받을 수 있다며 면벌부 판매를 반대하고 나섰어요.

루터는 교회의 부패를 정리한 「95개조 반박문」을 내고 교회를 비판했어요. 그러자 교회의 무거운 세금에 시달리던 사람들이 루터를 응원하고 지지했어요. 교회의 권위에 맞서 개혁을 요구하는 '종교 개혁'이 시작된 것이지요. 이러한 종교 개혁으로 유럽에서는 교황의 지배를 벗어난 새로운 종교가 등장했는데, 이것을 '신교' 또는 '프로테스탄트'라고 해요.

종교 개혁은 다른 나라로 퍼져 나갔어요. 스위스에서는 프랑스 신학자인 칼뱅이 종교 개혁을 이끌었어요. 칼뱅은 인간의 구원은 신이 미리 정해 놓았으며, 검소하게 살고 열심히 일해서 성공하면 신의 축복을 받은 것이라고 주장했어요.

영국에서 일어난 종교 개혁은 국왕인 헨리 8세가 주도했어요. 헨리 8세는 왕위를 물려줄 아들을 얻으려고 왕비와 이혼하고 시녀와 결혼하려고 했어요. 헨리 8세는 교황에게 이혼을 허락해 달라고 했지만 거절당하자 교황을 무시하고 마음대로 해 버렸지요. 그러고는 영국 교회를 이끄는 사람은 국왕이며 영국 교회는 교황에게서 독립할 것이라고 선언했어요. 이렇게 만들어진 종교가 '영국 국교회'예요.

01 교황이 죄를 용서받을 수 있다고 하면서 사람들에게 판 것은 무엇인지 쓰세요.

02 루터에 대해 바르게 말한 친구를 모두 찾아 ○ 하세요.

독일의 대학에서 신학을 가르쳤어.
롱이

교회의 부패를 정리한 「95개조 반박문」을 냈어.
핫또야

진심으로 잘못을 뉘우쳐도 면벌부가 있어야 죄를 용서받는다고 주장했어.
또띠

03 설명에 알맞은 사람을 찾아 선으로 이으세요.

(1) 인간의 구원은 신이 미리 정해 놓았다고 주장하며 스위스에서 종교 개혁을 이끌었어요.   •   • ㉠ 헨리 8세

(2) 영국 교회는 교황에게서 독립할 것이라고 선언하며 영국 국교회를 만들었어요.   •   • ㉡ 칼뱅

04 빈칸에 알맞은 말이 차례대로 묶인 것을 고르세요. (   )

종교 개혁으로 유럽에서는 ☐의 지배를 벗어난 새로운 종교가 등장했는데, 이것을 신교 또는 ☐라고 해요.

① 교황 – 프로테스탄트   ② 국왕 – 영국 국교회
③ 국왕 – 프로테스탄트   ④ 교황 – 영국 국교회

어휘

무적함대 에스파냐의 왕인 펠리페 2세가 특별히 조직한 대함대.

> 우리는 에스파냐의 위대하고 강력한 무적함대이다!

> 영국 함대를 물리쳐라!

부강 나라의 살림이 넉넉하고 군사력이 강함.

군사력

경제력

> 우리나라 군사력과 경제력 순위가 올라가고 있어.

> 우리나라도 점점 부강한 나라가 되고 있는 거야.

식민지 정치적, 경제적으로 다른 나라의 지배를 받는 나라.

> 우리는 일만 하고, 목화는 모두 영국으로 가져가고!

> 우리 인도가 영국의 식민지가 되었으니 어쩔 수 없지.

> 잘 감시해.

왕권 왕이 지니고 있는 힘이나 권리.

> 이 많은 군대가 모두 왕인 내 뜻에 따라 움직이니 든든하군!

> 왕권이 강해지니 다들 폐하의 명령에 잘 따릅니다.

절대 왕정 왕이 어떠한 것에도 구속받지 않는 절대적 권한을 가지는 정치 체제.

> 신이 나에게 왕권을 주셨다!

> 프랑스의 모든 일은 내 뜻대로 처리한다!

> 절대 왕정에서는 왕이 최고구나!

해상 바다의 위.

> 그래서 나라에서 이곳을 해상 국립 공원으로 지정했잖아.

> 바다 위 섬 풍경이 정말 아름다워.

01 (　　) 안에서 알맞은 낱말을 골라 ○ 하세요.

(1) 해상 : 바다의 (아래 | 위).

(2) 왕권 : (교황 | 왕)이 지니고 있는 힘이나 권리.

(3) (식민지 | 간척지) : 정치적, 경제적으로 다른 나라의 지배를 받는 나라.

(4) (보강 | 부강) : 나라의 살림이 넉넉하고 군사력이 강함.

(5) 절대 왕정 : (신하 | 왕)이/가 어떠한 것에도 구속받지 않는 절대적 권한을 가지는
정치 체제.

(6) 무적함대 : (포르투갈 | 에스파냐)의 왕인 펠리페 2세가 특별히 조직한 대함대.

02 빈칸에 알맞은 낱말이 되도록 보기 에서 글자를 모두 찾아 쓰세요.

보기	부	해	왕	강	권	상

(1) 국민 모두가 잘사는 ☐☐ 한 나라를 만들기 위해 노력해야 해요.

(2) 새로운 왕은 영토 확장을 통해 ☐☐ 을 강화했어요.

(3) 화물선이 ☐☐ 에서 큰 태풍을 만났어요.

03 (　　) 안에 알맞은 낱말을 보기 에서 찾아 기호를 쓰세요.

보기	㉠ 절대 왕정	㉡ 무적함대	㉢ 식민지

(1) 에스파냐의 대함대인 (　　　　)가 영국 해군의 공격을 받았어요.

(2) 프랑스의 루이 14세는 왕이 절대적 권한을 가지는 (　　　　) 시대의 왕이었어요.

(3) 아스테카 제국은 코르테스의 침략으로 에스파냐의 (　　　　)가 되었어요.

절대 왕정의 시대

봉건제가 무너지고 종교 개혁 등을 거치면서 유럽의 왕들은 권력이 점점 강해졌어요. 왕들은 왕권을 신이 내려 준 것이라고 주장하며 절대 복종할 것을 요구했어요. 이렇게 왕이 절대적인 권력을 휘두르며 나라를 다스리는 것을 '절대 왕정'이라고 해요.

절대 왕정의 시대에 왕은 군대를 길러 왕권을 강화하고, 관리를 지방에 보내 왕의 명령을 직접 전달했어요. 또 상공업자들을 보호해 주고 그 대가로 세금을 거두어들였어요.

유럽에서 가장 먼저 절대 왕정을 이룬 나라는 에스파냐였어요. 에스파냐의 펠리페 2세는 무적함대를 조직해 바닷길을 차지하고, 식민지를 거느리면서 에스파냐를 유럽에서 가장 부강한 나라로 만들었어요. 그러나 영국과의 해상 전쟁에서 크게 지면서 에스파냐는 서서히 기울기 시작했어요.

반면 영국은 엘리자베스 1세 때 에스파냐의 무적함대를 무찌르고 바다의 지배권을 차지하면서 유럽에서 가장 강한 나라가 되었어요. 이 시기 영국은 북아메리카와 아시아에 식민지를 두고 경제가 발전하며 큰 번영을 누렸지요.

프랑스의 왕인 루이 14세는 상공업을 지원해 경제를 발전시키고 군대를 길러 프랑스를

루이 14세는 베르사유 궁전에서 호화롭고 사치스러운 생활을 했어.

강한 나라로 만들었어요. 태양처럼 절대적인 힘을 가졌다는 뜻에서 스스로를 '태양왕'이라고 불렀으며, 왕의 권위를 드높이고자 웅장하고 화려한 베르사유 궁전을 지었어요.

또 러시아나 오스트리아 같은 동유럽 나라들도 서유럽의 영향을 받아 왕권을 강화하고 서유럽의 문화와 제도를 받아들이는 등 개혁을 추진하면서 절대 왕정을 시작했답니다.

▲ 베르사유 궁전

01 글을 읽고, 알맞은 말에 ○ 하세요.

> 왕이 절대적인 권력을 휘두르며 나라를 다스리는 것을 (봉건제 | 절대 왕정)(이)라고 해요.

02 절대 왕정의 시대에 대한 설명으로 맞는 것을 모두 고르세요. (,   )

① 왕들은 왕권을 교황이 내려 준 것이라고 주장했어요.

② 왕은 군대를 길러 왕권을 강화했어요.

③ 유럽에서 가장 먼저 절대 왕정을 이룬 나라는 에스파냐였어요.

④ 서유럽 나라들은 동유럽의 영향을 받아 절대 왕정을 시작했어요.

03 인물에 대한 설명을 보기 에서 찾아 기호를 쓰세요.

> **보기**
>
> ㉠ 에스파냐의 무적함대를 무찌르고 바다의 지배권을 차지했어요.
>
> ㉡ 무적함대를 조직해 바닷길을 차지하고, 나라를 유럽에서 가장 부강하게 만들었어요.

    (1) 펠리페 2세 (   )   (2) 엘리자베스 1세 (   )

04 루이 14세에 대한 글을 읽고, 빈 곳에 알맞은 말을 쓰세요.

> 루이 14세는 태양처럼 절대적인 힘을 가졌다는 뜻에서 스스로를
>
> _____ 이라고 불렀어요. 또 웅장하고 화려한 _____ 궁전을
>
> 지어 왕의 권위를 드높이고자 했어요.

뜻에 알맞은 낱말을 찾아 해당하는 벌집의 방에 ○ 하세요. 그런 다음 ○를 한 방의 꿀단지 수를 모두 더해 빈칸에 쓰세요.

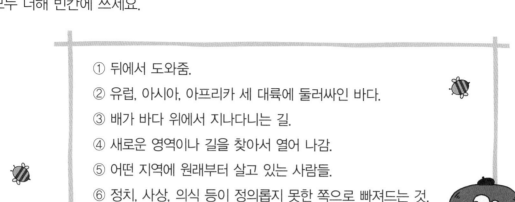

① 뒤에서 도와줌.
② 유럽, 아시아, 아프리카 세 대륙에 둘러싸인 바다.
③ 배가 바다 위에서 지나다니는 길.
④ 새로운 영역이나 길을 찾아서 열어 나감.
⑤ 어떤 지역에 원래부터 살고 있는 사람들.
⑥ 정치, 사상, 의식 등이 정의롭지 못한 쪽으로 빠져드는 것.
⑦ 불합리한 제도나 기구 등을 새롭게 고침.
⑧ 나라의 살림이 넉넉하고 군사력이 강함.

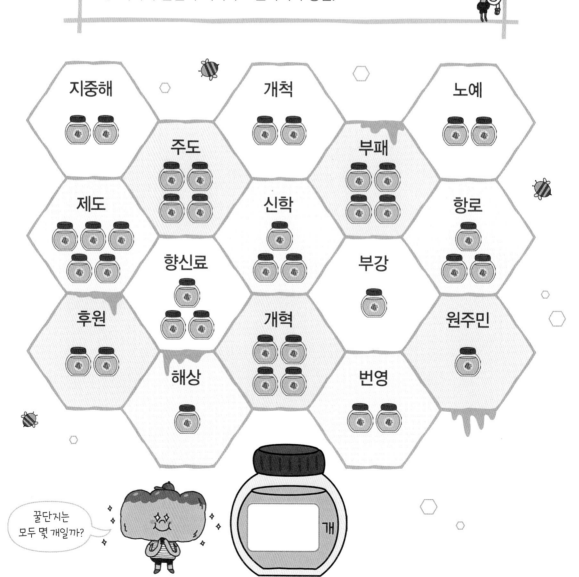

지중해   개척   노예
주도   부패
제도   신학   항로
향신료   부강
후원   개혁   원주민
해상   번영

꿀단지는 모두 몇 개일까?

개

글의 내용이 맞으면 '예', 틀리면 '아니요'에 ○ 하고, ○를 한 것과 짝 지어진 나라로 이동하세요. 그런 다음 도착지까지 지나온 나라의 수를 세어 빈칸에 쓰세요.

 출발지　르네상스가 처음 시작된 곳은 고대 로마 문화가 많이 남아 있는 이탈리아였어요.

 ⃝예 ➡ 스위스로!
아니요 ➡ 일본으로!

 스위스로 이동해.

미국
코페르니쿠스는 지구와 다른 별들이 태양 주위를 돈다고 주장했어요.

예 ➡ 캐나다로! | 아니요 ➡ 도착지로!

일본
아스테카 제국은 오늘날 중앙아메리카의 멕시코고원 지대에 위치해 있었어요.

예 ➡ 도착지로! | 아니요 ➡ 이집트로!

스위스
에스파냐 탐험가인 피사로는 잉카 제국을 무너뜨렸어요.

예 ➡ 프랑스로! | 아니요 ➡ 베트남으로!

칠레
콜럼버스는 아프리카 대륙의 희망봉을 돌아 인도에 도착했어요.

예 ➡ 도착지로! | 아니요 ➡ 일본으로!

캐나다
신항로 개척에 앞장선 나라는 영국과 프랑스였어요.

예 ➡ 도착지로! | 아니요 ➡ 칠레로!

베트남
루터는 교회의 부패를 정리한 「95개조 반박문」을 냈어요.

예 ➡ 인도로! | 아니요 ➡ 도착지로!

인도
프랑스의 루이 14세는 스스로를 태양왕이라고 불렀어요.

예 ➡ 도착지로! | 아니요 ➡ 이집트로!

프랑스
영국 국교회를 만든 왕은 엘리자베스 1세예요.

예 ➡ 도착지로! | 아니요 ➡ 미국으로!

이집트
유럽에서 가장 먼저 절대 왕정을 이룬 나라는 에스파냐예요.

예 ➡ 베트남으로! | 아니요 ➡ 도착지로!

 **도착지**　모두 ☐ 개 나라를 지나왔어!

2주 근대 유럽과 아메리카

1일

어휘 | 개량, 면직물, 방적기, 산업, 임금, 증기 기관
독해 | 기계의 발명과 산업 혁명

2일

어휘 | 과도, 삼부회, 선포, 인권, 해산, 혁명
독해 | 자유와 평등을 외친 프랑스 혁명

3일

어휘 | 금광, 부과, 의회, 이민자, 정착, 합중국
독해 | 독립을 위한 미국 혁명

5일

어휘 | 공급지, 열강, 분할, 점령, 정당화
독해 | 제국주의 열강의 세계 분할

4일

어휘 | 기지, 당선, 우세, 통합, 폐지, 해방
독해 | 노예를 해방한 미국의 남북 전쟁

6일

복습
교과서 속 세계 인물

어휘

개량 질이나 기능의 나쁜 점을 보완하여 더 좋게 고침.

방적기 실을 만들어 내는 기계를 통틀어 이르는 말.

임금 일을 한 대가로 받는 돈.

면직물 목화에서 씨를 빼고 얻은 목화솜을 원료로 하여 만든 천이나 옷.

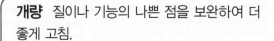

산업 농업, 공업, 임업, 수산업, 광업, 서비스업 등과 같이 물품이나 서비스 등을 만들어 내는 일.

증기 기관 수증기의 부피가 줄어들고 늘어나는 성질을 이용해 움직이는 힘을 얻는 장치.

01 낱말에 대한 설명이 맞으면 ○, 틀리면 × 하세요.

(1) '방적기'는 천을 짜는 기계를 통틀어 이르는 말이에요. ( )

(2) '증기 기관'은 수증기의 부피가 줄어들고 늘어나는 성질을 이용해 움직이는 힘을 얻는 장치를 말해요. ( )

(3) '면직물'은 털실을 원료로 하여 만든 천이나 옷을 말해요. ( )

(4) '개량'은 질이나 기능의 나쁜 점을 보완하여 더 좋게 고치는 것을 말해요. ( )

(5) '산업'은 농업, 공업, 임업, 수산업, 광업, 서비스업 등과 같이 물품이나 서비스 등을 만들어 내는 일을 말해요. ( )

(6) '임금'은 저축한 대가로 받는 돈을 말해요. ( )

02 밑줄 친 낱말이 바르게 쓰인 것을 모두 찾아 ✓ 하세요.

(1) 우리 초등학교는 올해 개량해서 신입생이 처음 들어왔어요. ☐

(2) 우리 마을은 경치가 좋아 관광 산업이 발달했어요. ☐

(3) 이 운동복은 목화솜으로 만든 면직물이라서 땀 흡수가 잘되어요. ☐

(4) 공장에서 방적기가 돌아가며 종이를 만들고 있어요. ☐

03 ☐☐ 안에서 알맞은 낱말을 골라 ○ 하세요.

(1) 오늘은 한 달 동안 일한 [자금 | 임금]을 받는 날이에요.

(2) 증기선은 수증기의 성질을 이용한 [증기 기관 | 운동 기관]으로 움직이는 배예요.

기계의 발명과 산업 혁명

18세기 영국에서는 아메리카 대륙의 식민지에서 재배된 목화가 들어오면서 목화솜으로 만든 면직물이 큰 인기를 끌었어요.

영국 사람들은 면직물을 더 빨리, 더 많이 만들고 싶어 했어요. 그러다가 목화솜에서 실을 뽑는 기계인 방적기와 실로 천을 짜는 기계인 방직기가 발명되면서 면직물을 빨리 만들 수 있게 되었어요. 또 제임스 와트가 증기 기관을 개량하면서 증기 기관으로 기계를 움직여 면직물을 한꺼번에 많이 생산할 수 있게 되었지요.

증기 기관의 개량으로 기계가 많이 사용되면서 교통과 통신에도 큰 변화가 생겼어요. 증기 기관을 이용한 증기 기관차가 발명되어 곳곳에 철도가 놓이게 되었고, 철도는 물건의 원료와 상품을 빨리 실어 날랐어요. 또 증기선이 만들어져 많은 사람과 물건이 바다 건너 멀리까지 오갈 수 있게 되었고, 전화기가 발명되면서 먼 거리에서도 쉽게 연락을 주고받을 수 있게 되었어요. 이렇게 기계의 발명으로 물건을 대량 생산하면서 사회적, 경제적으로 커다란 변화가 나타났는데, 이것을 '산업 혁명'이라고 해요.

영국에서 시작된 산업 혁명은 여러 나라로 퍼져 나갔고, 농업 사회를 공업 중심의 산업 사회로 바꾸어 놓았어요. 이로 인해 공장이나 상점을 운영하는 자본가들은 돈을 많이 벌게 되었어요. 하지만 노동자들은 더럽고 위험한 환경에서 오랜 시간 일하면서 적은 임금을 받았어요. 그러자 노동자들은 기계가 자신들의 일자리를 뺏는다며 기계나 공장을 부수고, 자신들의 권리를 주장하기 위해 노동조합을 만들기도 했어요. 또 이러한 문제를 해결하기 위해 생산과 분배를 공동으로 하여 평등한 사회를 만들어야 한다는 사회주의 사상이 등장하기도 했답니다.

기계가 발명되면서 기계를 설치하고 노동자를 한데 모아 일을 시키는 공장이 생겨났어.

01 글을 읽고, 빈 곳에 알맞은 말을 쓰세요.

> 18세기 영국에서는 목화솜에서 실을 뽑는 기계인 _____와 실로 천을
>
> 짜는 기계인 _____가 발명되면서 면직물을 빨리 만들 수 있게 되었어요.
>
> 또 제임스 와트가 _____을 개량하면서 면직물을 한꺼번에 많이 생산할
>
> 수 있게 되었어요.

02 각 물건의 발명으로 생긴 변화를 찾아 선으로 이으세요.

(1) 증기 기관차 •

(2) 증기선 •

(3) 전화기 •

        • ㉠ 먼 거리에서도 쉽게 연락을 주고받을 수 있게 되었어요.

        • ㉡ 철도를 통해 물건의 원료와 상품을 빨리 실어 나를 수 있게 되었어요.

        • ㉢ 많은 사람과 물건이 바다 건너 멀리까지 오갈 수 있게 되었어요.

03 기계의 발명으로 물건을 대량 생산하면서 사회적, 경제적으로 나타난 커다란 변화를 무엇이라고 하는지 쓰세요.

04 산업 혁명 때문에 일어난 사회 변화로 맞는 것을 모두 고르세요. (,   )

① 농업 사회가 공업 중심의 산업 사회로 바뀌었어요.

② 자본가들이 자신들의 권리를 주장하기 위해 노동조합을 만들었어요.

③ 노동자들이 돈을 많이 벌었어요.

④ 사회주의 사상이 등장했어요.

과도 정도가 지나침.

삼부회 성직자, 귀족, 평민 대표로 구성된 프랑스의 신분제 의회.

선포 어떤 사실이나 내용을 공식적으로 세상에 널리 알림.

인권 인간으로서 당연히 가지는 기본적인 권리.

해산 집단, 조직, 단체 등이 흩어져 없어짐. 또는 없어지게 함.

혁명 국가나 사회의 제도와 조직 등을 근본부터 새롭게 고치는 일.

01 뜻에 알맞은 낱말을 보기 에서 찾아 (   ) 안에 기호를 쓰세요.

보기   ㉠ 선포   ㉡ 과도   ㉢ 혁명   ㉣ 해산   ㉤ 삼부회   ㉥ 인권

(1) 어떤 사실이나 내용을 공식적으로 세상에 널리 알림.   (   )

(2) 집단, 조직, 단체 등이 흩어져 없어짐. 또는 없어지게 함.   (   )

(3) 정도가 지나침.   (   )

(4) 성직자, 귀족, 평민 대표로 구성된 프랑스의 신분제 의회.   (   )

(5) 국가나 사회의 제도와 조직 등을 근본부터 새롭게 고치는 일.   (   )

(6) 인간으로서 당연히 가지는 기본적인 권리.   (   )

02 (   ) 안에 알맞은 낱말을 보기 에서 찾아 기호를 쓰세요.

보기   ㉠ 혁명   ㉡ 삼부회   ㉢ 인권

(1) 프랑스의 신분제 의회인 (   )는 파리의 노트르담 성당에서 처음 열렸대.

(2) 먹고살기 힘든 농민들이 국가에 맞서 (   )을 일으켰어.

(3) 학생들의 (   )을 보장하기 위해 학교 안에서 휴대폰 사용을 허용했어.

03 빈칸에 알맞은 낱말이 차례대로 묶인 것을 고르세요. (   )

• 경찰이 범죄와의 전쟁을 ☐했어요.

• 밥을 ☐하게 먹었더니 배가 너무 불러요.

• 오늘 경기를 끝으로 우리 팀은 ☐했어요.

① 선포 – 해산 – 과도

② 과도 – 선포 – 해산

③ 과도 – 해산 – 선포

④ 선포 – 과도 – 해산

자유와 평등을 외친 프랑스 혁명

루이 16세가 프랑스를 다스리던 때, 평민들의 불만은 하늘을 찔렀어요. 평민들은 과도한 세금에 시달려 살기가 힘든데, 성직자와 귀족들은 잘살면서 세금을 전혀 내지 않았기 때문이에요. 그러던 중 루이 16세가 성직자, 귀족, 평민 대표로 구성된 삼부회를 소집해 세금을 더 걷으려고 했어요. 평민 대표들은 성직자, 귀족 대표보다 평민 대표의 사람 수가 더 많으니 투표권을 더 달라고 요구했어요. 하지만 요구는 받아들여지지 않았지요. 평민 대표들도 국민을 대표하는 국민 의회를 만들고 물러서지 않았어요.

루이 16세는 국민 의회를 강제로 해산하려 했어요. 그러자 분노한 파리 시민들이 국민 의회를 지키기 위해 들고일어났어요. 이들은 군대를 조직하고 무기가 있는 바스티유 감옥을 습격해 무기와 탄약을 손에 넣었어요. 1789년 프랑스 혁명이 시작된 것이에요.

혁명은 전국으로 퍼져 나갔고, 국민 의회는 인간은 누구나 자유롭고 평등한 권리를 가지며, 국민이 나라의 주인이라는 내용을 담은 '인권 선언'을 발표했어요. 이후 프랑스는 국민의 의견을 모아 정치를 하는 공화정을 선포하고, 루이 16세를 처형했어요.

유럽의 왕들은 프랑스 혁명이 자기 나라로 번질까 봐 두려워 다른 나라와 동맹을 맺고 프랑스를 침략했어요. 프랑스는 더 혼란에 빠졌고, 혁명은 더 거세졌지요. 그러자 전쟁에서 이기고 프랑스로 돌아온 나폴레옹이 혼란을 틈타 권력을 잡았어요. 그리고 1804년 국민 투표를 통해 나폴레옹이 황제가 되면서 공화정은 무너졌어요.

01 루이 16세가 프랑스를 다스리던 때의 일을 바르게 말한 친구를 모두 찾아 ○ 하세요.

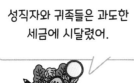
성직자와 귀족들은 과도한 세금에 시달렸어.

또띠

성직자, 귀족, 평민 대표로 이루어진 삼부회가 있었어.

핫또야

평민 대표들이 국민 의회를 만들었어.

소라

02 프랑스 혁명에 대한 글을 읽고, 빈 곳에 알맞은 말을 쓰세요.

프랑스 혁명은 루이 16세가 _____를 강제로 해산하려고 하자, 파리 시민들이

들고일어나 무기가 있는 _____ 감옥을 습격하면서 시작되었어요.

03 국민 의회가 발표한 것으로, 인간은 누구나 자유롭고 평등한 권리를 가지며, 국민이 나라의 주인이라는 내용을 담은 선언은 무엇인지 쓰세요.

04 프랑스 혁명이 시작된 뒤에 일어난 일로 틀린 것을 고르세요. (   )

① 혁명이 전국적으로 퍼져 나갔어요.

② 유럽의 왕들이 서로 동맹을 맺고 프랑스를 도왔어요.

③ 루이 16세가 처형되었어요.

④ 나폴레옹이 권력을 잡고 황제가 되었어요.

금광 금을 캐내는 광산.

부과 세금이나 벌금 등을 매겨서 내게 함.

의회 국민의 선거로 뽑힌 의원들이 중요한 일을 논의하고 의사를 결정하는 기관.

이민자 자기 나라를 떠나서 다른 나라로 가서 사는 사람.

정착 일정한 곳에 자리를 잡아 머물러 삶.

합중국 둘 이상의 국가나 주가 독립된 제도를 가지면서 하나의 주권 아래 연합한 국가 형태.

01 뜻에 알맞은 낱말이 되도록 보기 에서 글자를 모두 찾아 빈칸에 쓰세요.

보기   이 금 정 부 민 과 광 착 자

(1) 세금이나 벌금 등을 매겨서 내게 함. ┄┄┄┄┄┄ ☐☐

(2) 자기 나라를 떠나서 다른 나라로 가서 사는 사람. ☐☐☐

(3) 금을 캐내는 광산. ┄┄┄┄┄ ☐☐

(4) 일정한 곳에 자리를 잡아 머물러 삶. ☐☐

02 뜻에 알맞은 낱말을 찾아 선으로 이으세요.

(1) 둘 이상의 국가나 주가 독립된 제도를 가지면서 하나의 주권 아래 연합한 국가 형태.   •   •ㄱ 의회

(2) 국민의 선거로 뽑힌 의원들이 중요한 일을 논의하고 의사를 결정하는 기관.   •   •ㄴ 합중국

03 (   ) 안에서 알맞은 낱말을 골라 ○ 하세요.

(1) 교통 신호를 위반한 운전자에게 벌금이 (부착 | 부과)되었어요.

(2) 신석기 시대 사람들은 한곳에 머물러 사는 (정착 | 이동) 생활을 했어요.

(3) 이 오래된 (금괴 | 금광)에서는 더 이상 금을 캘 수가 없어요.

(4) 멕시코는 31개 주와 1개의 연방 구로 이루어진 (합중국 | 기지국)이에요.

(5) (의회 | 개회)에서 국회 의원들이 교육 문제를 논의했어요.

(6) 우리 마을에는 외국에서 온 (원주민 | 이민자)들이 많이 살아요.

독립을 위한 미국 혁명

17세기부터 북아메리카 대륙에는 돈을 벌거나 종교의 자유를 찾아온 영국 사람들이 정착하여 살고 있었어요.

그들은 동부 해안에 13개의 식민지를 세우고, 영국 정부의 간섭을 받지 않고 의회를 두어 자치를 했어요. 그런데 영국 정부가 재정 문제를 해결하려고 식민지에 새로운 세금을 부과하고, 동인도 회사만 북아메리카에서 차를 판매할 수 있도록 했어요. 동인도 회사는 영국, 프랑스, 네덜란드 등이 동남아시아 및 인도와 무역을 하려고 세운 회사예요.

식민지 주민들은 크게 반발했어요. 그래서 보스턴 항구에 있는 동인도 회사의 배를 습격해 배에 있던 차 상자를 바다로 던졌는데, 이것이 '보스턴 차 사건'이에요. 이 일로 영국 정부와 식민지 주민들 사이의 갈등은 더욱 깊어졌고, 식민지 대표들은 시민 군대를 조직하고 독립 선언문을 발표했어요. 영국과 독립 전쟁을 벌이기로 한 것이에요.

처음에는 시민 군대가 영국군에게 졌어요. 하지만 프랑스, 에스파냐 등의 도움을 받아 영국군을 물리치고, 1783년 영국으로부터 13개 식민지의 독립을 인정받았어요. 식민지 대표들은 13개의 식민지를 13개의 주로 바꾸고, 이것을 하나로 묶어 아메리카 합중국, 즉 미국을 세웠어요.

영국으로부터 독립한 미국은 주변 나라와 전쟁을 벌이고 땅을 사들이며 영토를 넓혔어요. 19세기에는 서쪽의 태평양 연안까지 영토를 넓혔지요. 이후 서부의 캘리포니아에서 금광이 발견되자 유럽에서 온 많은 이민자가 서부로 몰려들었고, 서부 개척 시대가 시작되면서 미국은 점점 발전하기 시작했어요.

01 북아메리카에 세워진 식민지에 대한 설명으로 <u>틀린</u> 것을 고르세요. (   )

① 돈을 벌거나 종교의 자유를 찾아온 영국 사람들이 세웠어요.

② 동부 해안에 13개의 식민지가 있었어요.

③ 영국 정부의 간섭을 받지 않고 자치를 했어요.

④ 동인도 회사를 세워 동남아시아 및 인도와 무역을 했어요.

02 다음은 어떤 사건에 대한 설명인지 쓰세요.

> 영국 정부가 동인도 회사만 북아메리카에서 차를 판매할 수 있도록 하자, 화가 난
> 식민지 주민들이 보스턴 항구에 있는 동인도 회사의 배를 습격해 배에 있던 차
> 상자를 바다로 던져 버린 사건이에요.

```
[                    ]
```

03 사건이 일어난 과정의 순서대로 기호를 쓰세요.

> ㉠ 식민지 대표들이 독립 선언문을 발표하고, 영국과 독립 전쟁을 벌였어요.
> ㉡ 아메리카 합중국이 세워졌어요.
> ㉢ 영국 정부가 식민지에 새로운 세금을 부과했어요.
> ㉣ 보스턴 차 사건이 일어났어요.

(→   →   →   )

04 미국이 영국으로부터 독립한 뒤에 일어난 일이 맞으면 ○, 틀리면 ✕ 하세요.

> (1) 서쪽의 태평양 연안까지 영토를 넓혔어요.   (   )
>
> (2) 서부의 캘리포니아에서 금광이 발견되었어요.   (   )
>
> (3) 유럽에서 온 이민자가 서부로 몰려들면서 전쟁이 일어났어요.   (   )

기지 군대나 탐험대 등이 머물면서 활동할 수 있게 필요한 시설을 갖춘 장소.

당선 선거에서 뽑힘.

우세 남보다 힘이 강하거나 실력이 나음. 또는 그 힘이나 실력.

통합 여러 개의 기구나 조직 등을 하나로 합침.

폐지 실시해 오던 제도나 법규, 일 등을 그만두거나 없앰.

해방 자유를 억압하는 것으로부터 벗어나게 함.

01 낱말의 뜻을 <u>틀리게</u> 말한 친구를 찾아 ○ 하세요.

당선은 선거에서 뽑히는 것을 말해.
빵이

폐지는 제도나 법규, 일 등을 새로 만드는 것을 말해.
소라

해방은 자유를 억압하는 것으로부터 벗어나게 하는 것을 말해.
꽈리

02 낱말에 대한 설명이 맞으면 ○, 틀리면 ✕ 하세요.

(1) '기지'는 군대나 탐험대 등이 머물면서 활동할 수 있게 필요한 시설을
갖춘 장소를 말해요.   (   )

(2) '통합'은 기구나 조직 등을 여러 개로 나누는 것을 말해요.   (   )

(3) '우세'는 남보다 힘이 약하거나 실력이 좋지 않은 것을 말해요. (   )

03 빈 곳에 알맞은 낱말을 보기 에서 찾아 쓰세요.

보기	우세	폐지	기지	당선	해방	통합

(1) 링컨은 미국의 흑인 노예들을 _____ 해 자유롭게 해 주었어요.

(2) 우리 팀은 _____ 한 경기를 펼쳤지만, 결국에는 지고 말았어요.

(3) 학급 회장에 _____ 된 친구에게 축하 인사를 했어요.

(4) 우리 마을 근처에는 공군 전투기들이 머무는 큰 공군 _____ 가 있어요.

(5) 인기 없는 텔레비전 프로그램이 결국 _____ 되었어요.

(6) 두 개의 봉사 단체가 하나로 _____ 되었어요.

노예를 해방한 미국의 남북 전쟁

미국은 넓은 영토와 늘어난 인구, 산업 혁명의 영향 등으로 빠르게 발전했어요. 미국은 남부와 북부의 환경이 서로 달랐기 때문에 발전하는 모습도 서로 달랐어요.

땅이 기름진 남부에서는 목화, 담배 등을 재배하는 농업이 발달하면서 대농장이 생겨났어요. 북부는 땅이 거칠어 농사짓기 어려웠으므로 농업보다는 물건을 만들어 파는 상공업이 발달해 많은 공장이 들어섰지요.

남부의 대농장에서는 아프리카에서 끌려온 흑인 노예들이 많은 일을 했어요. 그래서 남부 사람들은 노예제가 꼭 있어야 한다고 주장했어요. 하지만 북부 사람들의 생각은 달랐어요. 노예들이 해방되면 그들을 고용해 공장에서 적은 임금으로 일을 시킬 수 있기 때문에 노예제를 없애자고 주장했지요. 그러면서 남부와 북부 사이의 갈등이 점점 깊어졌어요.

이런 가운데 1860년 링컨이 미국의 대통령에 당선되었어요. 링컨은 북부 출신으로, 노예제를 반대했어요. 그러자 남부의 여러 주가 따로 남부 연합 정부를 만들고, 남부에 있던 미국 연방 정부의 군사 기지인 섬터 요새를 공격하면서 남북 전쟁이 시작되었어요.

링컨은 미국의 제16대 대통령으로, 남북 전쟁에서 북부군을 승리로 이끌고 노예 해방을 이루었어.

▲ 링컨

전쟁 초기에는 남부군이 우세했어요. 하지만 전쟁이 길어지고, 링컨이 노예 해방을 선언하자 상황이 바뀌었어요. 많은 흑인 노예가 북부군에 들어가 싸우기 시작했고, 북부군이 게티즈버그 전투에서 승리한 것을 계기로 결국 남북 전쟁은 4년 만에 북부군의 승리로 끝났어요.

전쟁이 끝난 후 미국에서 노예제는 폐지되었고, 미국은 둘로 갈라진 국민을 통합하고 산업 발달에 힘쓰면서 19세기 세계에서 가장 큰 공업 국가가 되었어요.

01 글을 읽고, 알맞은 말에 ○ 하세요.

> 미국의 (남부 | 북부)에서는 목화, 담배 등을 재배하는 농업이 발달했고,
> (남부 | 북부)에서는 물건을 만들어 파는 상공업이 발달했어요.

02 미국의 남부와 북부가 주장한 내용을 찾아 선으로 이으세요.

(1) 남부 •

(2) 북부 •

• ㉠ 노예들이 해방되면 그들을 고용해 공장에서 일을 시킬 수 있으므로 노예제를 없애자고 주장했어요.

• ㉡ 흑인 노예들이 많은 일을 하기 때문에 노예제가 꼭 있어야 한다고 주장했어요.

03 사건이 일어난 과정의 순서대로 기호를 쓰세요.

> ㉠ 링컨이 노예 해방을 선언했어요.
> ㉡ 남북 전쟁이 일어났어요.
> ㉢ 남부의 여러 주가 남부 연합 정부를 만들었어요.
> ㉣ 링컨이 미국 대통령에 당선되었어요.
> ㉤ 북부군이 게티즈버그 전투에서 승리했어요.

(→   →   →   →   )

04 남북 전쟁에 대한 설명이 맞으면 ○, 틀리면 ✕ 하세요.

(1) 남부 연합 정부가 섬터 요새를 공격하면서 시작되었어요.   (   )

(2) 전쟁 초기에는 북부군이 우세했어요.   (   )

(3) 남부군의 승리로 전쟁이 끝났어요.   (   )

(4) 남북 전쟁이 끝난 후 미국에서 노예제가 폐지되었어요.   (   )

공급지 물건이나 서비스를 제공하여 주는 곳.

열강 국제적인 영향력이나 세력이 강한 여러 나라.

분할 여러 개로 쪼개어 나눔.

점령 무력으로 어떤 장소나 공간을 빼앗아 차지함.

정당화 이치에 맞지 않고 올바르지 않아 정당성이 없는 것을 정당한 것으로 만듦.

01 ( ) 안에서 알맞은 낱말을 골라 ○ 하세요.

⑴ (**점령** | **전령**) : 무력으로 어떤 장소나 공간을 빼앗아 차지함.

⑵ 열강 : 국제적인 영향력이나 세력이 (**약한** | **강한**) 여러 나라.

⑶ (**정보화** | **정당화**) : 이치에 맞지 않고 올바르지 않아 정당성이 없는 것을 정당한 것으로 만듦.

⑷ 공급지 : 물건이나 서비스를 (**보관** | **제공**)하여 주는 곳.

⑸ (**합병** | **분할**) : 여러 개로 쪼개어 나눔.

02 빈칸에 알맞은 낱말을 찾아 선으로 이으세요.

⑴ 동생은 자신의 잘못을 ☐하려고 계속 변명을 했어요.   •

• ㉠ 공급지

⑵ 일제 강점기에 일본은 조선을 일본에 쌀을 제공하는 ☐로 여겼어요.   •

• ㉡ 정당화

03 빈칸에 알맞은 글자를 모두 찾아 ○ 하세요.

⑴ 옛날에 힘이 없는 나라들은 ☐☐의 침입을 많이 받았어요.   ➡ | 열 | 악 | 세 | 가 | 강 | 수 |

⑵ 우리 군대는 치열한 전투 끝에 결국 적의 수도를 ☐☐했어요.   ➡ | 명 | 노 | 점 | 발 | 토 | 령 |

⑶ 한반도는 6·25 전쟁 이후 남과 북으로 ☐☐이 되었어요.   ➡ | 배 | 분 | 석 | 할 | 기 | 인 |

제국주의 열강의 세계 분할

19세기 후반, 산업 혁명으로 부강해진 서양 열강은 강한 군대를 앞세워 약한 나라들을 식민지로 만들었어요. 자기네 나라에서 만든 물건을 내다 팔 시장을 구하고, 물건을 만들 때 필요한 값싼 원료 공급지로 삼기 위해서였지요.

이렇게 열강이 자기 나라의 이익을 위해 군사력과 경제력을 앞세워 다른 나라를 침략하고 지배하려는 정책을 '제국주의'라고 해요. 제국주의 열강은 아시아와 아프리카의 나라들의 문명이 뒤떨어졌으므로, 이들을 지배하여 문명을 발전시켜야 한다고 주장하며 자신들의 침략을 정당화했어요.

아시아에서는 영국이 인도를 점령했어요. 영국은 인도에서 난 목화를 싼값에 영국으로 가져간 뒤, 면제품을 만들어 인도에 다시 팔았지요. 네덜란드는 인도네시아에 동인도 회사를 세우고 사탕수수와 커피 등을 재배해 큰돈을 벌었어요. 프랑스 역시 베트남과 캄보디아, 라오스를 식민지로 삼고 쌀을 생산해 엄청난 이익을 챙겼지요.

아프리카는 탐험가들에 의해 유럽에 알려지면서 본격적으로 침략을 당했어요. 영국과 프랑스가 가장 넓은 지역을 차지했고, 이후 독일, 이탈리아 등도 침략에 나서면서 에티오피아와 라이베리아를 뺀 아프리카의 모든 지역이 식민지가 되었어요.

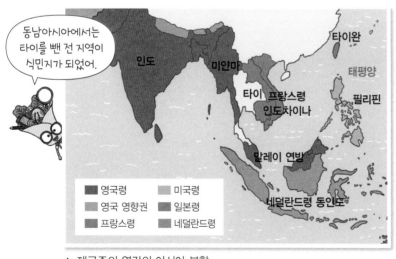

▲ 제국주의 열강의 아시아 분할

태평양 지역도 대부분 식민지가 되었어요. 영국은 뉴질랜드와 오스트레일리아를, 미국은 하와이와 필리핀을 차지했지요. 20세기 초 세계 대부분의 지역은 제국주의 열강에 의해 분할되었고, 열강은 더 이상 차지할 땅이 없게 되자 다른 나라가 차지한 식민지까지 넘보기 시작했답니다.

01 서양 열강이 약한 나라들을 식민지로 만든 까닭을 바르게 말한 친구를 모두 찾아 ○ 하세요.

자기네 나라에서 만든 물건을 내다 팔 시장을 구하려고 그런 거야.

또띠

새로운 땅을 탐험하기 위해서 그런 거야.

꽈리

물건을 만들 때 필요한 값싼 원료 공급지로 삼으려고 그런 거야.

빵이

02 열강이 자기 나라의 이익을 위해 군사력과 경제력을 앞세워 다른 나라를 침략하고 지배하려는 정책을 무엇이라고 하는지 쓰세요.

03 어느 나라에 대한 설명인지 보기 에서 찾아 빈 곳에 쓰세요.

보기   프랑스   네덜란드   영국

(1) _____ 은 인도의 목화를 싼값에 가져가 면직물로 만들어 인도에 팔았어요.

(2) _____ 는 인도네시아에 동인도 회사를 세웠어요.

(3) _____ 는 베트남, 캄보디아, 라오스를 식민지로 삼았어요.

04 제국주의 열강의 식민지 점령에 대한 내용으로 맞는 것을 모두 고르세요. (,   )

① 아프리카는 자본가들에 의해 유럽에 알려지면서 본격적으로 침략을 당했어요.

② 아프리카는 에티오피아와 라이베리아를 뺀 모든 지역이 식민지가 되었어요.

③ 영국은 하와이와 필리핀을 차지했어요.

④ 20세기 초에는 세계 대부분의 지역이 제국주의 열강에 의해 분할되었어요.

친구들이 설명하는 낱말이 무엇인지 사다리를 타고 내려가서 만나는 빈칸에 쓰세요.

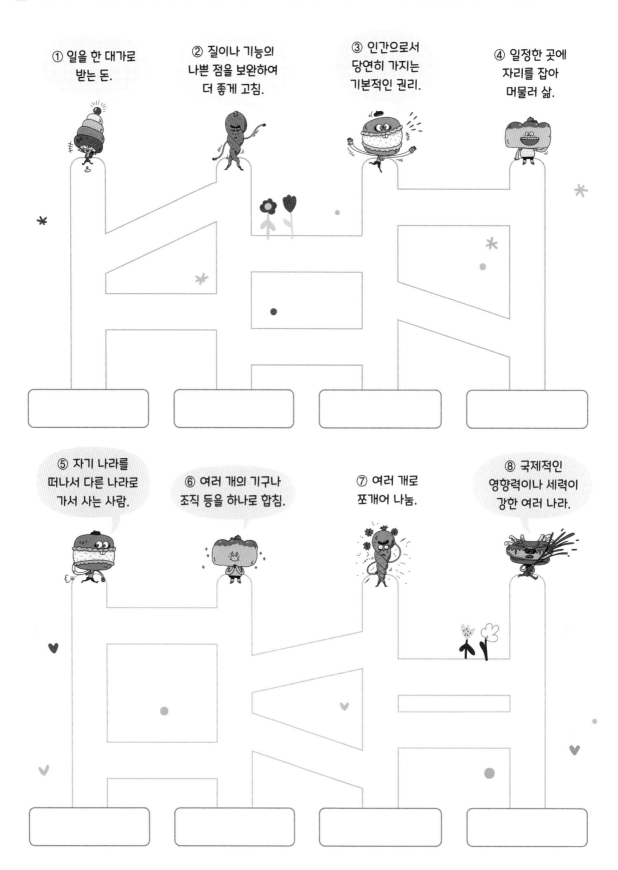

글의 내용이 맞으면 ○, 틀리면 ✕ 하세요. 그런 다음 빙고가 모두 몇 개 나왔는지 빈칸에 쓰세요.

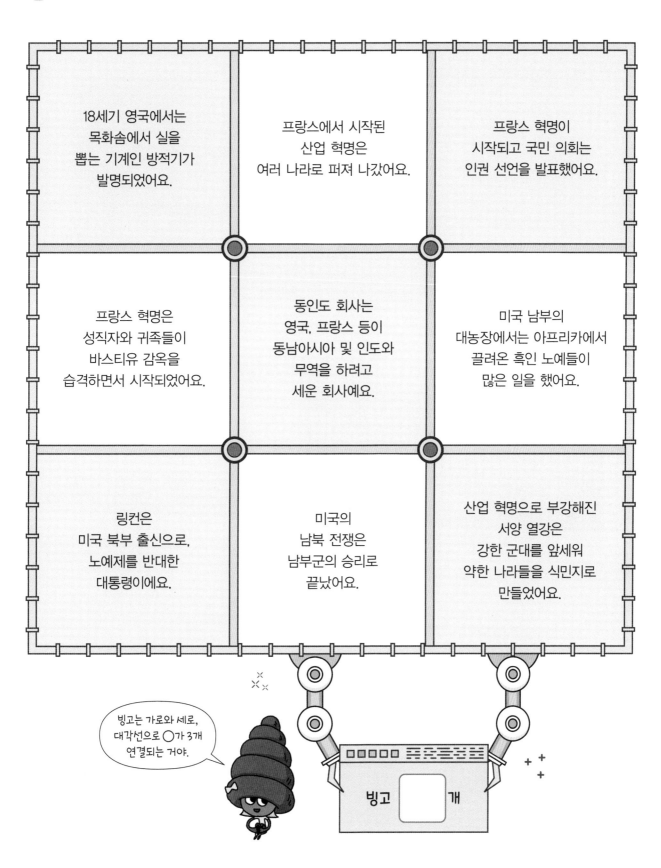

18세기 영국에서는 목화솜에서 실을 뽑는 기계인 방적기가 발명되었어요.

프랑스에서 시작된 산업 혁명은 여러 나라로 퍼져 나갔어요.

프랑스 혁명이 시작되고 국민 의회는 인권 선언을 발표했어요.

프랑스 혁명은 성직자와 귀족들이 바스티유 감옥을 습격하면서 시작되었어요.

동인도 회사는 영국, 프랑스 등이 동남아시아 및 인도와 무역을 하려고 세운 회사예요.

미국 남부의 대농장에서는 아프리카에서 끌려온 흑인 노예들이 많은 일을 했어요.

링컨은 미국 북부 출신으로, 노예제를 반대한 대통령이에요.

미국의 남북 전쟁은 남부군의 승리로 끝났어요.

산업 혁명으로 부강해진 서양 열강은 강한 군대를 앞세워 약한 나라들을 식민지로 만들었어요.

빙고는 가로와 세로, 대각선으로 ○가 3개 연결되는 거야.

빙고   개

르네상스 시대의 천재 예술가, 레오나르도 다빈치

프랑스의 루브르 박물관에서 가장 인기 있는 그림은 「모나리자」예요. 「모나리자」는 여인의 신비하고 아름다운 미소로 유명한 작품으로, 이 그림을 그린 사람은 르네상스 시대의 예술가인 레오나르도 다빈치예요.

▲ 레오나르도 다빈치

이탈리아의 시골 마을에서 태어난 다빈치는 자연을 관찰하고 그림 그리는 것을 아주 좋아했어요. 그래서 당시 유명한 화가인 베로키오를 찾아가 그림을 배웠지요. 한번은 다빈치가 베로키오가 그리다 만 그림을 완성한 일이 있었는데, 완성된 그림을 본 베로키오는 다빈치의 그림 실력에 감탄하며 그날 이후 다시는 그림을 그리지 않았다고 해요.

▲ 「최후의 만찬」

화가로 이름을 날리던 다빈치는, 예수가 열두 제자와 마지막으로 나눈 저녁 식사인 '최후의 만찬'을 주제로 교회에 벽화를 그려 달라는 부탁을 받았어요. 다빈치는 끊임없이 작품을 구상하며, 보통 두세 달이면 그릴 그림을 3년 만에 완성했어요. 보통 화가들이라면 그림 속 인물들을 엄숙하고 성스럽게 표현했겠지만, 다빈치가 완성한 「최후의 만찬」 속 열두 제자들의 표정은 생생하고 자연스러웠지요.

다빈치는 그림뿐만 아니라 건축, 수학, 발명 등 다양한 분야에서도 뛰어난 재능을 발휘했어요. 호기심이 많아 오늘날의 낙하산, 탱크 등과 비슷한 발명품들을 구상하고 설계도도 그렸지요. 또 시체를 직접 해부하고 해부도를 그려 의학 발전에도 큰 도움을 주었어요.

세상의 모든 일에 호기심을 가지고, 끊임없이 관찰하고 연구한 다빈치는 르네상스 시대의 훌륭한 천재 예술가였답니다.

흑인 노예들을 해방한 링컨

　남북 전쟁이 한창이던 1863년, 미국에서 노예 해방이 선언되었어요. 미국의 흑인 노예들에게 자유를 안겨 준 사람은 바로 미국의 대통령인 링컨이었어요.

　링컨은 어릴 때부터 책 읽는 것을 아주 좋아했어요. 책을 한번 손에 잡으면 날이 새는 줄 모르고 밤새 읽었지요. 이러한 집념으로 링컨은 혼자 법률을 공부해 변호사가 되었어요. 이후 변호사로서 명성을 얻어 전국 국회 의원인 연방 의원에 당선되면서 정치인으로 발을 내딛기 시작했지요.

　어느 날 링컨은 흑인 노예들이 쇠사슬에 묶인 채 끌려가는 것을 보게 되었어요. 이 일로 큰 충격을 받은 링컨은 노예제 폐지를 주장하는 사람들이 만든 공화당에 가입했어요. 그러고는 많은 도시를 다니며 노예제를 찬성하는 정치인과 논쟁을 벌였는데, 링컨의 연설이 어찌나 훌륭했던지 링컨은 이 일로 유명해졌어요. 결국 링컨은 공화당의 대통령 후보가 되었고, 1860년 미국의 제16대 대통령으로 당선되었어요.

　이후 링컨은 미국에서 일어난 남북 전쟁 중에 노예 해방을 선언했어요. 또 국민의 뜻에 따라 나라를 다스리겠다는 내용을 담아 역사에 남을 명연설을 했지요.

　"국민의, 국민에 의한, 국민을 위한 정부는 이 세상에서 절대로 사라지지 않을 것입니다!"

　남북 전쟁이 끝나고 링컨은 극장을 찾았다가 노예 해방에 불만을 품은 한 청년에게 죽임을 당했어요. 한평생 강한 의지와 자유에 대한 믿음으로 노예들을 해방하고 민주주의를 외친 링컨은 그렇게 영원히 눈을 감고 말았어요.

3주 근대 서아시아와 인도 외

1일

어휘 | 격파, 관대하다, 발칸반도, 소아시아, 정비, 친
독해 | 오스만 제국의 번성

2일

어휘 | 공포, 보장, 근대화, 성과, 주도권
독해 | 오스만 제국의 쇠퇴와 개혁

3일

어휘 | 개간, 고유, 도모, 수용, 탄압, 화합
독해 | 인도에 세워진 무굴 제국

5일

어휘 | 구세주, 무장봉기, 반기, 유학자, 저항, 전개
독해 | 아프리카와 아시아의 저항 운동

4일

어휘 | 고용, 업신여기다, 영국령, 진압, 항쟁, 헐값
독해 | 영국의 인도 지배와 세포이 항쟁

6일

복습

격파 상대방을 공격하여 물리침.

대포를 쏴서 적군의 배를 격파했습니다.

관대하다 마음이 넓고 이해심이 많다.

공을 잘못 차서 그만…… 죄송합니다.

괜찮아. 다음부터는 조심해라.

아저씨가 화내실 줄 알았는데 관대하시네.

발칸반도 유럽 대륙의 동남부에 있는 삼각형 모양의 반도.

슬로베니아 — 크로아티아 세르비아 루마니아 불가리아 터키 그리스 에게해 터키 지중해 흑해

15세기 말 우리 오스만 제국은 이 발칸반도 대부분을 지배했어.

소아시아 아시아의 서쪽 끝에 있는 흑해, 에게해, 지중해에 둘러싸인 반도.

유럽 흑해 아시아 터키 지중해

소아시아는 오늘날 터키가 있는 반도를 말해.

예로부터 이곳은 아시아와 유럽을 이어 주는 곳이었어.

정비 흐트러진 체계를 정리하여 제대로 갖춤.

이제부터는 개인의 재산을 보장한다.

군사 제도는 이렇게, 토지 제도는 요렇게 바꾼다!

말씀하신 대로 법을 정비하겠습니다!

친위 임금이나 국가 원수 등의 신변을 안전하게 지킴.

우리는 우리의 지배자인 술탄을 지키는 친위 부대!

우리는 술탄의 명령에 절대 복종한다!

01 낱말에 대한 설명이 맞으면 ○, 틀리면 ✕ 하세요.

(1) '친위'는 임금이나 국가 원수 등의 신변을 안전하게 지키는 것을 말해요.   (   )

(2) '관대하다'는 마음이 좁고 이해심이 없는 것을 말해요.   (   )

(3) '소아시아'는 아시아의 서쪽 끝에 있는 흑해, 에게해, 지중해에 둘러싸인
반도를 말해요.   (   )

(4) '격파'는 상대방에게 공격을 당해 완전히 지는 것을 말해요.   (   )

(5) '정비'는 흐트러진 체계를 정리하여 제대로 갖추는 것을 말해요.   (   )

(6) '발칸반도'는 아시아 서남부에 있는 반도를 말해요.   (   )

02 빈칸에 알맞은 낱말을 찾아 선으로 이으세요.

(1) [   ]는 터키 영토의 대부분을
차지해요.   •   • ㉠ **발칸반도**

(2) 오스만 제국은 한때 [   ]에
있는 나라들을 다스렸어요.   •   • ㉡ **소아시아**

03 밑줄 친 낱말이 바르게 쓰인 것을 모두 찾아 ✔ 하세요.

(1) 삼촌은 **관대해서** 조금의 실수도 용서하지 않아요.   [   ]

(2) 동생은 내 농담에 **정비**를 하고는 화를 냈어요.   [   ]

(3) 이 군대는 왕을 지키는 **친위** 군사들로 이루어져 있어요.   [   ]

(4) 우리 팀은 상대 팀을 큰 점수 차로 **격파**했어요.   [   ]

오스만 제국의 번성

십자군 전쟁 이후 셀주크 튀르크의 힘이 약해지자, 튀르크족의 한 갈래인 오스만족이 13세기 후반 소아시아 지역에 오스만 제국을 세웠어요. 힘을 키운 오스만 제국은 메흐메트 2세 때 비잔티움 제국을 멸망시켰어요. 콘스탄티노폴리스를 수도로 삼고, 수도 이름을 '이스탄불'로 바꾸었지요. 또 소아시아 지역을 대부분 차지하고 발칸반도로 진출해 영토를 크게 넓혔어요.

우리 오스만 제국이 콘스탄티노폴리스를 점령했다!

오스만 제국은 '예니체리'라는 막강한 부대를 앞세워 서아시아와 동유럽, 북아프리카에 걸친 대제국을 건설했어요. 예니체리는 술탄의 친위 부대로, 오스만 제국은 정복한 지역에서 크리스트교를 믿는 소년들을 모아 이슬람교로 개종시킨 뒤 엄격한 훈련을 거쳐 예니체리의 군인으로 만들었어요.

오스만 제국이 전성기를 맞은 것은 술레이만 1세 때였어요. 술레이만 1세는 정복 활동을 벌여 헝가리를 점령하고, 오스트리아를 공격해 유럽 사람들을 공포에 떨게 했어요. 유럽 연합 함대도 격파해 아시아와 유럽을 오가는 지중해를 장악하고 동방 무역을 독차지했지요. 그래서 이스탄불의 시장은 도자기, 비단, 향신료 같은 아시아 물건을 사러 온 여러 나라의 상인들로 늘 북적였어요. 또 술레이만 1세는 넓어진 영토를 잘 다스리기 위해 법전을 만들고 나라의 제도를 정비했어요.

오스만 제국은 이슬람 국가였지만 다른 종교를 믿는 민족에게 관대했어요. 세금을 내고 군대에 가면 이슬람교가 아닌 다른 종교를 믿으며 마을을 이루고 살 수 있게 했어요. 그러면서 오스만 제국에서는 이슬람 문화를 바탕으로 여러 문화가 어우러진 새로운 문화가 발달하게 되었답니다.

01 오스만 제국에 대한 글을 읽고, 빈 곳에 알맞은 말을 쓰세요.

> " 오스만 제국의 메흐메트 2세는 ＿＿＿＿＿＿＿＿ 제국을 멸망시켰어요. 그리고
>
> 콘스탄티노폴리스를 수도로 삼고, 수도 이름을 ＿＿＿＿＿＿＿ 로 바꾸었어요. "

02 예니체리에 대한 글을 읽고, 알맞은 말에 ○ 하세요.

> 오스만 제국은 정복한 지역에서 크리스트교를 믿는 소년들을 모아
> (힌두교 | 이슬람교)로 개종시킨 뒤, 엄격한 훈련을 거쳐 (교황 | 술탄)의
> 친위 부대인 예니체리의 군인으로 만들었어요.

03 술레이만 1세가 한 일을 틀리게 말한 친구를 찾아 ○ 하세요.

유럽 연합 함대에 져서
소아시아 지역을 빼앗겼어요.
빵이

헝가리를 점령하고
오스트리아를 공격했어.
핫또야

법전을 만들고 나라의
제도를 정비했어.
꽈리

04 오스만 제국에 대한 설명으로 맞는 것을 모두 고르세요. (,   )

① 메흐메트 2세 때 전성기를 맞았어요.

② 지중해를 장악하고 동방 무역을 독차지했어요.

③ 이스탄불의 시장은 여러 나라의 상인들로 늘 북적였어요.

④ 이슬람교가 아닌 다른 종교를 믿는 민족을 차별했어요.

어휘

공포 확정된 법이나 규정 등을 일반 대중에게 널리 알림.

고속 도로 전 좌석 안전띠 의무 착용

이제부터는 언제 어디서나 안전띠를 꼭 매야겠어요.

고속 도로에서는 모든 좌석이 안전띠를 매야 한다는 새로운 법이 공포되었어.

보장 어떤 일이 어려움 없이 이루어지도록 조건을 마련해 보증하거나 보호함.

우리나라는 종교를 선택할 수 있는 자유가 헌법에 보장되어 있어.

누구나 원하는 종교를 믿을 수 있지.

근대화 봉건 사회로부터 벗어나 정치, 경제, 사회, 문화 등 모든 면에서 변화가 진행됨.

궁전은 내가 지었어. 오스만 제국의 근대화를 상징하는 건물이지.

오스만 제국이 구식 군대를 없애고 신식 무기를 가진 유럽식 군대를 만들었대.

저 궁전도 프랑스의 베르사유 궁전을 따라 유럽식으로 지은 거야.

성과 어떤 일을 이루어 낸 결과.

이것 봐! 나 국어 시험 100점 맞았다!

어휘 공부를 그렇게 열심히 하더니 큰 성과가 있었네!

개혁 정치 혁명

축하해!

주도권 중심이 되어 어떤 일을 이끌어 나갈 수 있는 권리나 권력.

땅따먹기 놀이 하자!

응!

우리 자전거 타러 가자!

그래!

이번에는 고무줄!

좋아!

저 아이가 주도권을 잡고 뭐 하고 놀지 결정하네.

64

01 낱말의 뜻을 **보기**에서 찾아 기호를 쓰세요.

보기

㉠ 중심이 되어 어떤 일을 이끌어 나갈 수 있는 권리나 권력.

㉡ 봉건 사회로부터 벗어나 정치, 경제, 사회, 문화 등 모든 면에서 변화가 진행됨.

㉢ 확정된 법이나 규정 등을 일반 대중에게 널리 알림.

㉣ 어떤 일이 어려움 없이 이루어지도록 조건을 마련해 보증하거나 보호함.

㉤ 어떤 일을 이루어 낸 결과.

(1) 성과 (   )   (2) 주도권 (   )   (3) 공포 (   )

(4) 근대화 (   )   (5) 보장 (   )

02 ☐☐ 안에서 알맞은 낱말을 골라 ○ 하세요.

(1) 우리 팀의 실수로 경기를 이끌어 나가는 ┃ 거부권 ┃ 주도권 ┃ 이 상대 팀으로 넘어갔어요.

(2) 우리나라는 조선 시대 말부터 ┃ 근대화 ┃ 고령화 ┃ 가 시작되면서 변화가 빠르게 진행되었어요.

03 밑줄 친 낱말이 바르게 쓰인 것을 모두 찾아 ✓ 하세요.

(1) 나는 친구의 도움에 **보장**하기 위해 작은 선물을 준비했어요.   ☐

(2) 우리나라 선수들은 이번 올림픽에서 좋은 **성과**를 거두었어요.   ☐

(3) 정부는 어제 새로운 법률을 국민들에게 **공포**했어요.   ☐

오스만 제국의 쇠퇴와 개혁

15세기 말부터 시작된 유럽 사람들의 신항로 개척으로 오스만 제국은 동방 무역의 주도권을 잃어버렸어요. 17세기부터는 강해진 유럽의 나라들이 오스만 제국의 영토를 호시탐탐 노렸지요. 오스만 제국의 지배를 받던 민족들도 독립할 기회만 엿보았어요. 넓은 영토를 차지하고 여러 민족을 거느리던 오스만 제국은 날로 힘이 약해졌어요.

오스만 제국의 지배층은 오스만 제국이 살아남으려면 유럽의 앞선 제도와 기술을 받아들여 나라의 힘을 키워야 한다고 생각했어요. 그래서 '탄지마트'라는 개혁을 실시해 군대, 교육, 법률 등의 제도를 바꾸었어요. 모두에게 자유와 평등을 보장하는 헌법을 공포하고, 의회에서 나랏일을 결정하도록 하는 등 오스만 제국의 근대화를 추진했지요. 하지만 개혁을 반대하는 세력과 유럽 열강의 간섭으로 큰 성과를 거두지 못했어요.

더욱이 오스만 제국은 러시아와의 전쟁에서 패하고 말았어요. 그 결과 오스만 제국은 러시아에 영토의 일부를 떼어 주고, 오스만 제국의 지배를 받던 세르비아, 루마니아 등의 독립을 인정하게 되었지요.

오스만 제국의 의회는 술탄에게 이 일의 책임을 물었어요. 위기를 느낀 술탄은 헌법을 없애고 의회를 해산시켜 권력을 다시 손에 쥐려고 했어요. 그러자 술탄에 반대하는 젊은 장교와 지식인들이 청년 튀르크당을 만들고 혁명을 일으켰어요. 이들은 술탄을 몰아내고 헌법과 의회를 되살렸어요. 이후 10년 동안 청년 튀르크당은 오스만 제국의 근대화를 추진하며 오스만 제국을 이끌었답니다.

▲ 탄지마트 개혁 발표

01 17세기 이후 오스만 제국에 대한 설명으로 맞는 것을 모두 고르세요. (,   )

① 유럽 사람들 덕분에 동방 무역의 주도권을 잡았어요.

② 유럽 나라들을 침략해 영토를 넓혔어요.

③ 유럽 나라들이 오스만 제국의 영토를 호시탐탐 노렸어요.

④ 오스만 제국의 지배를 받던 민족들이 독립할 기회를 엿보았어요.

02 오스만 제국의 개혁에 대한 글을 읽고, 빈 곳에 알맞은 말을 쓰세요.

> 오스만 제국의 지배층은 유럽의 앞선 제도와 기술을 받아들여 나라의 힘을 키우기 위해
>
> _____라는 개혁을 실시했어요.

03 탄지마트 개혁 후 오스만 제국에서 일어난 일이 맞으면 '예', 틀리면 '아니요'에 ○ 하세요.

(1) 유럽 열강의 도움으로 탄지마트가 성공해 큰 성과를 거두었어요.   예 | 아니요

(2) 전쟁에서 패해 러시아에 영토의 일부를 떼어 주었어요.   예 | 아니요

(3) 세르비아, 루마니아 등의 독립을 인정했어요.   예 | 아니요

04 다음은 무엇에 대한 설명인지 쓰세요.

- 술탄에 반대하는 젊은 장교와 지식인들이 만들었어요.
- 오스만 제국의 근대화를 추진하며 오스만 제국을 이끌었어요.

어휘

01 (   ) 안에서 알맞은 낱말을 골라 ○ 하세요.

(1) (**수용** | **고용**) : 어떤 것을 받아들임.

(2) (**개간** | **개각**) : 버려 두어 쓸모없는 땅을 일구어 농사를 지을 수 있는 땅으로 만듦.

(3) (**탄압** | **차압**) : 힘으로 억지로 눌러 꼼짝 못 하게 함.

(4) (**경합** | **화합**) : 사이좋게 어울림.

(5) (**자유** | **고유**) : 한 사물이나 집단 등이 본래부터 지니고 있는 특별한 것.

(6) (**도모** | **마모**) : 어떤 일을 이루기 위해 대책이나 방법을 세움.

02 빈칸에 알맞은 낱말이 차례대로 묶인 것을 고르세요. (   )

· 일제 강점기에 우리 민족은 일제의 모진 [   ]에 굴복하지 않았어요.

· 농부는 버려진 땅을 [   ]하여 논으로 만들었어요.

· 우리 집안은 형제간에 [   ]이 잘되어 사이가 좋아요.

· 초가집은 우리나라 [   ]의 가옥 형태예요.

① 개간 – 화합 – 고유 – 탄압   ② 탄압 – 개간 – 화합 – 고유

③ 고유 – 개간 – 화합 – 탄압   ④ 탄압 – 화합 – 고유 – 개간

03 빈칸에 알맞은 글자를 모두 찾아 ○ 하세요.

(1) 체육 대회를 하며 우리 반의
단결을 [ ][ ]했어요.

| 도 | 임 | 탈 | 식 | 리 | 모 |

(2) 우리는 상대방의 의견을 기꺼이
[ ][ ]하기로 했어요.

| 박 | 수 | 선 | 용 | 기 | 발 |

인도에 세워진 무굴 제국

16세기 초 인도의 북부에는 무굴 제국이 세워졌어요. 몽골족의 후손인 바부르가 인도의 델리를 차지하고 새로운 이슬람 국가를 세운 것이지요. 무굴은 페르시아어로 '몽골'이라는 뜻이에요.

무굴 제국은 제3대 왕인 아크바르 황제 때 대제국을 건설했어요. 아크바르 황제는 어린 나이에 왕이 되었지만 용맹스럽고 지혜로웠어요. 인도 북부 지역과 아프가니스탄까지 영토를 넓히고, 농사지을 땅을 새로 개간하는 등 백성을 잘 보살피며 무굴 제국을 평화롭고 안정된 나라로 만들었어요.

아크바르 황제는 인도의 힌두교도들을 차별하지 않았어요. 이슬람교도가 아닌 사람에게 거둬들이던 세금을 없애고, 능력 있는 힌두교도를 관리로 뽑았어요. 또 이슬람교도와 힌두교도의 결혼을 권장하는 등 백성 사이의 화합을 도모했어요.

타지마할은 왼쪽과 오른쪽의 모양이나 크기가 서로 똑같은 대칭을 이루어.

▲ 타지마할

이렇게 힌두교를 수용하면서, 무굴 제국 시대에는 인도 고유의 문화에 이슬람 문화가 섞여 인도·이슬람 문화가 발달했어요. 무굴 제국의 대표적인 유적인 타지마할은 두 문화가 잘 어우러진 아름다운 건축물이에요. 타지마할은 무굴 제국의 제5대 왕인 샤자한 황제가 왕비를 위해 만든 무덤으로, 둥근 지붕과 뾰족한 탑은 이슬람 건축 양식을, 흰 대리석 벽면이나 연꽃무늬 등은 인도의 전통 양식을 따랐지요.

샤자한 황제의 아들인 아우랑제브 황제는 인도 남부까지 정복하면서 무굴 제국의 영토를 최대로 넓혔어요. 하지만 아우랑제브 황제는 이슬람교의 가르침에 충실하게 나라를 다스린다면서 힌두교도들을 마구 탄압했어요. 이슬람교도가 아닌 사람에게는 세금을 많이 받고, 힌두교 사원도 마구 부수었지요. 그러자 이에 맞서 반란이 일어나면서 무굴 제국은 쇠퇴하기 시작했어요.

01 몽골족의 후손인 바부르가 인도의 델리를 차지하고 세운 이슬람 국가의 이름을 쓰세요.

02 아크바르 황제가 한 일이 <u>아닌</u> 것을 고르세요. (   )

① 인도 북부 지역과 아프가니스탄까지 영토를 넓혔어요.

② 무굴 제국을 평화롭고 안정된 나라로 만들었어요.

③ 이슬람교도가 아닌 사람에게 거둬들이던 세금을 없앴어요.

④ 능력이 있어도 힌두교도는 관리로 뽑지 않았어요.

03 타지마할에 대한 설명이 맞으면 ○, 틀리면 ✕ 하세요.

⑴ 인도 고유 문화에 이슬람 문화가 잘 어우러진 건축물이에요.   (   )

⑵ 무굴 제국의 대표적인 유적이에요.   (   )

⑶ 샤자한 황제가 아버지를 위해 만든 무덤이에요.   (   )

⑷ 타지마할의 둥근 지붕과 뾰족한 탑은 인도의 전통 양식을 따랐어요.   (   )

04 친구들이 설명하는 사람이 누구인지 고르세요. (   )

인도 남부까지 정복하면서 무굴 제국의 영토를 최대로 넓혔어.

힌두교도들을 마구 탄압했어.

이슬람교도가 아닌 사람에게는 세금을 많이 받았어.

① 아크바르 황제   ② 바부르   ③ 아우랑제브 황제   ④ 샤자한 황제

어휘

고용 돈을 주고 사람에게 일을 시킴.

이번에 새로 고용한 우리 학교 영양사입니다.

앞으로 학생들 급식을 잘 부탁합니다.

업신여기다 남을 낮추어 보거나 하찮게 여기다.

빨리빨리 닦아! 인도 사람들은 너무 느리다니까!

우리를 업신여긴 대가는 언젠가 꼭 치르게 될 거다!

영국령 영국이 다스리는, 영국의 영토.

아일랜드는 독립된 나라이지만, 북아일랜드는 우리 영국이 다스리는 영국 땅이야.

아일랜드섬은 아일랜드와 영국령 북아일랜드로 나뉘어 있어.

북아일랜드

아일랜드

영국

진압 강제로 억눌러 진정시킴.

소방관들이 바로 출동해서 산불을 진압했어. 다행이야!

불이 났었나 봐!

항쟁 맞서 싸움.

우리는 영국이 인도에서 물러갈 때까지 항쟁을 계속할 것이다!

영국군과 끝까지 맞서 싸우자!

헐값 원래의 가격보다 매우 싼 값.

이 자전거를 원래 가격의 절반도 안 되는 가격에 샀어.

누가 타던 자전거이긴 하지만 상태도 좋은데, 정말 헐값으로 샀네.

우아~!

01 낱말과 그 뜻이 바르게 짝 지어진 것을 모두 찾아 ✔ 하세요.

(1) 진압 – 강제로 억눌러 진정시킴.

(2) 헐값 – 원래의 가격보다 매우 비싼 값.

(3) 항쟁 – 맞서 싸움.

(4) 고용 – 돈을 받고 다른 사람이 시키는 일을 함.

(5) 업신여기다 – 남을 우러러보며 받들어 공경하다.

(6) 영국령 – 영국이 다스리는, 영국의 영토.

02 빈칸에 알맞은 낱말을 찾아 선으로 이으세요.

(1) 아빠는 자동차를 원래 가격보다 매우 싼 ☐에 샀어요.   •   • ㉠ 영국령

(2) 옛날에 홍콩은 영국이 다스리는 ☐이었어요.   •   • ㉡ 항쟁

(3) 시민들이 독재자에 맞서 끈질기게 ☐을 벌였어요.   •   • ㉢ 헐값

03 밑줄 친 낱말을 바르게 사용한 친구를 찾아 ○ 하세요.

경찰들이 시위를 벌인 시민들을 강제로 **진압**했어.

소라

다른 사람의 의견은 귀담아들으며 **업신여겨야** 해.

핫또야

삼촌은 회사에서 열심히 일하지 않아 **고용**되었어.

빵이

영국의 인도 지배와 세포이 항쟁

17세기부터 영국은 인도에 동인도 회사를 세우고 교역을 했어요. 무굴 제국이 쇠퇴한 틈을 타, 19세기에 영국은 인도의 거의 모든 땅을 차지하고 동인도 회사를 통해 인도를 간접적으로 다스렸지요.

영국은 인도에서 헐값으로 산 목화로 영국에서 면제품을 만들어 인도에 다시 싸게 팔았어요. 그러자 인도의 산업은 영국 제품과의 경쟁에 견디지 못하고 무너졌어요. 옷감 짜는 일을 하는 인도 사람들도 일자리를 잃었지요. 게다가 무거운 세금과 흉년으로 인도 사람들은 점점 가난해졌고 영국에 대한 불만도 점점 커져 갔어요.

영국의 동인도 회사는 넓은 인도를 다스리기 위해 인도 사람들을 용병으로 고용하고 이들을 '세포이'라고 불렀어요. 영국 군인들은 세포이들을 심하게 차별하고 업신여겼어요. 그러던 중 세포이들에게 신식 총이 지급됐는데, 이 총에 넣는 탄약 봉지에 소와 돼지의 기름이 발라져 있다는 소문이 돌았어요.

힌두교도와 이슬람교도가 대부분인 세포이들은 분통을 터뜨렸어요. 소는 힌두교도에게 신성한 동물이고, 돼지는 이슬람교도가 더럽다며 금지하는 동물이기 때문이었어요. 세포이들은 영국이 자신들의 종교를 무시한다며 들고일어났어요. 그러자 영국의 지배로 고통받던 수많은 인도 사람들도 반란에 참여하면서 '세포이 항쟁'이 일어났어요.

세포이 항쟁은 인도 곳곳으로 퍼져 나갔지만, 결국 영국군에게 진압당했어요. 세포이 항쟁이 끝나고 영국은 무굴 제국의 황제를 왕위에서 내쫓았어요. 그리고 동인도 회사의 문을 닫고 영국 왕이 인도를 직접 다스리는 영국령 인도 제국을 세웠어요.

01 글을 읽고, 알맞은 말에 ○ 하세요.

> 영국은 인도에서 헐값으로 산 목화로 영국에서 면제품을 만들어 인도에 다시
> (비싸게 | 싸게) 팔았어요. 그러면서 (인도 | 영국)의 산업은 무너졌고
> 사람들도 가난해졌어요.

02 영국의 동인도 회사가 넓은 인도를 다스리기 위해 용병으로 고용한 인도 사람들을 무엇이라고
불렀는지 쓰세요.

03 세포이에 대한 설명으로 맞는 것을 보기 에서 모두 찾아 기호를 쓰세요.

보기

ㄱ 세포이들은 대부분 힌두교도와 이슬람교도였어요.

ㄴ 영국 군인들에게 좋은 대우를 받았어요.

ㄷ 세포이들은 신식 총의 탄약 봉지에 소와 돼지의 기름이 발라져 있다는 소문을 듣고
분통을 터뜨렸어요.

ㄹ 세포이들은 자신들의 총이 구식인 데 불만을 품고 세포이 항쟁을 일으켰어요.

(,   )

04 세포이 항쟁이 끝나고 일어난 일을 <u>틀리게</u> 말한 친구를 찾아 ○ 하세요.

무굴 제국의 황제가
인도 전체를 다스렸어.

또띠

영국의 동인도 회사가
문을 닫았어.

꽈리

영국령 인도 제국이
세워졌어.

소라

어휘

구세주 세상을 어려움이나 고통에서 구제하는 위대한 사람이나 신.

무장봉기 지배를 당하는 사람이 지배자에게 대항하여 무장을 하고 세차게 일어나는 일.

반기 반대하는 뜻을 나타내는 행동이나 표시.

유학자 중국의 사상가인 공자의 가르침을 깊이 연구하여 높은 경지에 오른 사람.

저항 어떤 힘이나 조건에 굽히지 않고 거역하거나 견딤.

전개 일을 시작하여 진행함.

01 뜻에 알맞은 낱말을 [보기]에서 찾아 빈칸에 쓰세요.

[보기]   무장봉기   저항   구세주

(1) 지배를 당하는 사람이 지배자에게 대항하여 무장을 하고
세차게 일어나는 일. ··

(2) 세상을 어려움이나 고통에서 구제하는 위대한 사람이나 신. ·········

(3) 어떤 힘이나 조건에 굽히지 않고 거역하거나 견딤. ················

02 낱말의 뜻을 바르게 말한 친구를 모두 찾아 ○ 하세요.

핫또야
반기는 찬성하는 뜻을
나타내는 행동이나
표시를 말해.

또띠
유학자는 중국의 사상가인
공자의 가르침을 깊이 연구하여
높은 경지에 오른 사람을 말해.

롱이
전개는
일을 시작하여
진행하는 것을 말해.

03 ( ) 안에 알맞은 낱말을 [보기]에서 찾아 기호를 쓰세요.

[보기] ㉠ 전개   ㉡ 반기   ㉢ 저항   ㉣ 무장봉기   ㉤ 구세주   ㉥ 유학자

(1) 어제부터 불우 이웃을 돕기 위한 모금 운동이 (   )되고 있어요.

(2) 농민들이 무장을 하고 전국 곳곳에서 (   )를 일으켰어요.

(3) 조선 시대 (   )들은 서원에서 공자의 가르침을 공부했어요.

(4) 학생들은 학생회의 이번 결정에 (   )를 들며 반대했어요.

(5) 그 사람은 사람들에게 자신이 세상을 구할 (   )라고 말하고 다녔어요.

(6) 범인은 자신을 잡으려는 경찰에게 (   )하다가 결국 붙잡혔어요.

아프리카와 아시아의 저항 운동

　19세기 후반 유럽 열강이 서로 경쟁하듯 아프리카를 식민지로 삼는 동안, 아프리카 사람들은 거세게 저항하며 자신들의 땅을 지키려고 했어요.

　1895년 에티오피아에는 이탈리아가 쳐들어왔어요. 이에 에티오피아의 황제인 메넬리크 2세는 10만여 명의 잘 훈련된 군사와 유럽에서 들여온 근대식 무기로 이탈리아를 물리치고 독립을 지켜 냈어요.

　이집트와 영국의 공동 지배를 받고 있던 수단에서는 무함마드 아흐마드가 스스로를 구세주라는 뜻인 '마흐디'라고 칭하며 이집트와 영국에 반기를 들었어요. 무함마드 아흐마드는 수단에서 외국인들을 몰아내고 새로운 이슬람 세계를 건설해야 한다고 주장하며 독립 투쟁을 벌였지만, 결국 영국군에게 진압당하고 말았지요. 또 오늘날의 나미비아 지역에서는 독일 사람들이 원주민들을 못살게 굴자, 참다못한 원주민들이 무장봉기를 일으켰어요. 하지만 원주민의 약 80퍼센트가 독일군에게 죽임을 당했어요.

　아시아에서도 나라를 되찾으려는 저항 운동이 끊이지 않았어요. 프랑스의 지배를 받게 된 베트남에서는 전국에서 유학자와 농민들이 들고일어났어요. 지식인들이 중심이 되어 근대화 운동도 전개했지만, 프랑스의 탄압은 계속되었어요. 또 에스파냐의 지배를 받고 있던 필리핀은 비밀 조직을 만들고 독립 전쟁을 벌였어요. 필리핀은 미국의 도움을 받아 에스파냐를 몰아냈지만, 곧 미국의 식민지가 되고 말았지요.

　이렇게 아프리카와 아시아의 저항 운동은 대부분 실패했어요. 하지만 강력한 저항 정신은 훗날 이들 나라가 독립을 이루는 데 밑바탕이 되었답니다.

나, 메넬리크 2세는 에티오피아의 독립을 반드시 지켜 낼 것이다!

01 글을 읽고, 어느 나라에서 일어난 일인지 쓰세요.

> 이탈리아가 쳐들어오자, 메넬리크 2세는 10만여 명의 잘 훈련된 군사와 근대식 무기로
> 이탈리아를 물리치고 독립을 지켜 냈어요.

[   ]

02 어느 곳에서 일어난 저항 운동인지 찾아 선으로 이으세요.

(1) 독일 사람들이 원주민들을 못살게 굴자,
원주민들이 무장봉기를 일으켰어요.   •   • ㉠   수단

(2) 새로운 이슬람 세계를 건설해야 한다고
주장하며 독립 투쟁을 벌였어요.   •   • ㉡   나미비아 지역

03 아시아의 저항 운동에 대한 설명으로 맞는 것을 모두 고르세요. (,   )

① 베트남에서는 지식인들이 중심이 되어 근대화 운동을 전개했어요.

② 베트남의 저항 운동으로 프랑스의 탄압이 멈추었어요.

③ 필리핀은 에스파냐의 지배에 맞서 비밀 조직을 만들었어요.

④ 필리핀은 미국으로부터 독립을 지켜 냈어요.

04 아프리카와 아시아의 저항 운동에 대한 설명이 맞으면 ○, 틀리면 ✕ 하세요.

(1) 아프리카 사람들은 유럽 열강에 거세게 저항했어요.   (   )

(2) 아프리카의 저항 운동은 대부분 성공했어요.   (   )

(3) 아프리카와 아시아의 저항 정신은 훗날 독립을 이루는 데
밑바탕이 되었어요.   (   )

↪ 가로 풀이와 세로 풀이를 보고, 풀이에 알맞은 낱말을 빈칸에 쓰세요.

가로 풀이야!	세로 풀이야!
① 세상을 어려움이나 고통에서 구제하는 위대한 사람이나 신.	② 중심이 되어 어떤 일을 이끌어 나갈 수 있는 권리나 권력.
③ 어떤 일을 이루기 위해 대책이나 방법을 세움.	⑤ 맞서 싸움.
④ 어떤 힘이나 조건에 굽히지 않고 거역하거나 견딤.	⑦ 사이좋게 어울림.
⑥ 봉건 사회로부터 벗어나 정치, 경제, 사회, 문화 등 모든 면에서 변화가 진행됨.	⑨ 어떤 일이 어려움 없이 이루어지도록 조건을 마련해 보증하거나 보호함.
⑧ 지배를 당하는 사람이 지배자에게 대항하여 무장을 하고 세차게 일어나는 일.	⑩ 반대하는 뜻을 나타내는 행동이나 표시.

길을 따라가면서 글의 내용이 맞으면 ○, 틀리면 ✕ 하세요. 그런 다음 ○를 한 곳에 있는 글자를 차례대로 빈칸에 쓰세요.

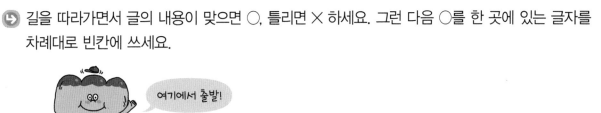

여기에서 출발!

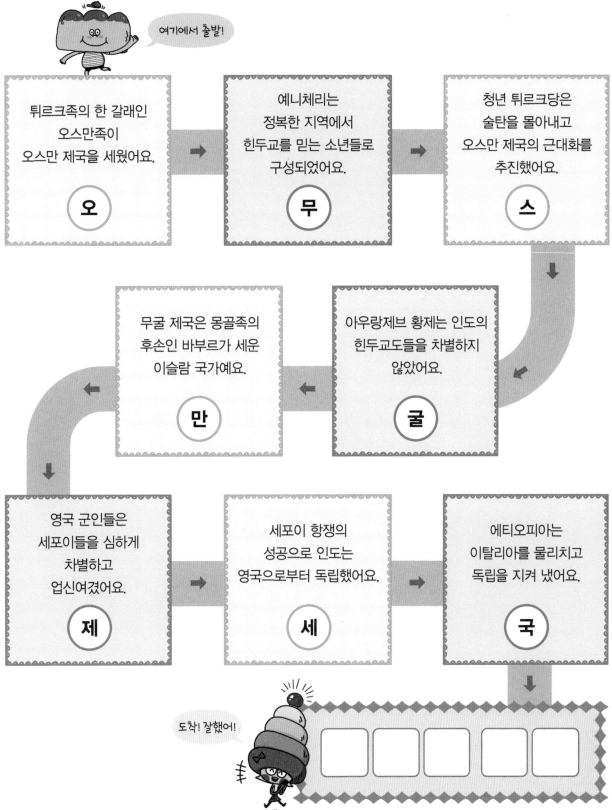

튀르크족의 한 갈래인 오스만족이 오스만 제국을 세웠어요.

오

예니체리는 정복한 지역에서 힌두교를 믿는 소년들로 구성되었어요.

무

청년 튀르크당은 술탄을 몰아내고 오스만 제국의 근대화를 추진했어요.

스

무굴 제국은 몽골족의 후손인 바부르가 세운 이슬람 국가예요.

만

아우랑제브 황제는 인도의 힌두교도들을 차별하지 않았어요.

굴

영국 군인들은 세포이들을 심하게 차별하고 업신여겼어요.

제

세포이 항쟁의 성공으로 인도는 영국으로부터 독립했어요.

세

에티오피아는 이탈리아를 물리치고 독립을 지켜 냈어요.

국

도착! 잘했어!

4주 근대 동아시아

1일

어휘 | 과시, 장려, 빈번하다, 외적, 즉위, 황궁
독해 | 세계에 이름을 떨친 명나라

2일

어휘 | 동원, 만주족, 변발, 선교사, 제압, 편찬
독해 | 중국 역사상 최대 영토를 차지한 청나라

3일

어휘 | 배상금, 빌미, 속셈, 조약, 지불, 체결
독해 | 아편 전쟁으로 나라의 문을 연 청나라

5일

어휘 | 민중, 반감, 보수, 서태후, 육성, 확산
독해 | 중국의 개혁과 중화민국의 탄생

4일

어휘 | 개항, 설립, 쇄국, 집권, 하급, 화친
독해 | 일본 근대화의 시작, 메이지 유신

6일

복습
교과서 속 세계 인물

어휘

과시 자신의 능력이나 솜씨 등을 자랑스럽게 드러냄.

장려 좋은 일을 하도록 권하거나 북돋아 줌.

빈번하다 어떤 일이나 현상 등이 일어나는 횟수가 많다.

외적 외부나 외국으로부터 쳐들어오는 적.

즉위 임금의 자리에 오름.

황궁 황제의 궁궐.

01 (   ) 안에서 알맞은 낱말을 골라 ○ 하세요.

(1) (과시 | 과장) : 자신의 능력이나 솜씨 등을 자랑스럽게 드러냄.

(2) (드물다 | 빈번하다) : 어떤 일이나 현상 등이 일어나는 횟수가 많다.

(3) (염려 | 장려) : 좋은 일을 하도록 권하거나 북돋아 줌.

(4) (즉위 | 보위) : 임금의 자리에 오름.

(5) (황궁 | 상궁) : 황제의 궁궐.

(6) (무적 | 외적) : 외부나 외국으로부터 쳐들어오는 적.

02 빈칸에 알맞은 낱말을 찾아 선으로 이으세요.

(1) 임금이 죽자, 임금의 아들인 세자가 다음 임금으로 ☐하였어요. •   • ㉠ 외적

(2) ☐의 침입을 막기 위해 국경선을 따라 높은 성벽을 쌓았어요. •   • ㉡ 황궁

(3) 옛날 황제가 살았던 궁궐인 ☐을 박물관으로 만들었어요. •   • ㉢ 즉위

03 빈 곳에 알맞은 낱말을 보기 에서 찾아 쓰세요.

보기	과시	장려	빈번해서

(1) 이 텔레비전은 고장이 ＿＿＿＿＿＿＿ 수리를 자주 해요.

(2) 학생들이 국산 학용품을 사용하자는 ＿＿＿＿＿＿＿ 운동을 벌였어요.

(3) 학생들은 미술 대회에서 그림 실력을 마음껏 ＿＿＿＿＿＿＿ 했어요.

세계에 이름을 떨친 명나라

14세기 중엽 중국에서는 원나라의 힘이 약해지면서 그동안 살기 힘들었던 농민들이 반란을 일으켰어요. 이때 반란을 이끌었던 주원장이 원나라를 북쪽으로 몰아내고 나라를 세웠는데, 이 나라가 '명나라'예요.

황제 자리에 오른 주원장은 전쟁으로 망가진 농촌을 되살리기 위해 버려진 땅을 개간하고, 전쟁으로 피해를 입은 농민들의 세금을 덜어 주는 등 농민을 보호하고 농업을 장려했어요. 또 한족의 전통을 되살리기 위해 몽골족의 풍습을 금지했지요.

명나라는 제3대 황제인 영락제 때 전성기를 맞았어요. 영락제는 수도를 난징에서 베이징으로 옮기고, 베이징에 크고 화려한 황궁인 자금성을 지어 황제의 권위를 세웠어요. 북쪽의 몽골족이 국경을 넘보자 직접 군사들을 이끌고 몽골 원정에 나서는가 하면, 지금의 베트남인 대월국을 굴복시키는 등 정복 활동도 활발히 펼쳤지요. 또 2만 권이 넘는 백과사전인 『영락대전』을 만드는 등 문화 사업의 발전에도 힘썼어요.

영락제는 명나라의 힘을 여러 나라에 과시하고 싶었어요. 그래서 관리인 정화에게 대규모 함대를 이끌고 항해에 나설 것을 명령했어요. 정화는 일곱 차례나 항해에 나서 동남아시아와 인도, 아라비아반도, 아프리카까지 진출했어요. 그 결과 명나라는 수많은 나라와 활발히 교류하며 세계에 이름을 널리 알렸어요.

하지만 영락제가 죽고 난 뒤 무능한 황제들이 즉위하면서 명나라는 매우 혼란해졌어요. 외적의 침입이 빈번해지고, 나라 곳곳에서 반란이 일어나면서 1644년 명나라는 결국 멸망하고 말았어요.

나, 정화의 항해는 콜럼버스의 항해보다 70여 년이나 빨랐어.

01 주원장이 원나라를 북쪽으로 몰아내고 세운 나라의 이름을 쓰세요.

02 주원장이 한 일을 <u>틀리게</u> 말한 친구를 찾아 ○ 하세요.

전쟁으로 망가진 농촌을 되살리기 위해 버려진 땅을 개간했어.

빵이

농민들의 세금을 덜어 주는 등 농민을 보호했어.

핫또야

몽골족의 풍습을 되살리려고 했어.

소라

03 영락제가 한 일로 맞는 것을 모두 고르세요. (,   )

① 수도를 베이징에서 난징으로 옮겼어요.

② 직접 군사들을 이끌고 몽골 원정에 나섰어요.

③ 지금의 베트남인 대월국에 굴복했어요.

④ 백과사전인 『영락대전』을 만들었어요.

04 황제의 명령으로 대규모 함대를 이끌고 일곱 차례나 항해에 나서, 동남아시아와 인도, 아라비아반도, 아프리카까지 진출한 사람을 찾아 ○ 하세요.

주원장   영락제   정화

어휘

동원 어떤 목적을 이루려고 사람이나 물건, 방법 등을 한데 모음.

선교사 외국에 보내어져 기독교의 교리를 알리고 사람들에게 믿게 하는 일을 하는 사람.

제압 강한 힘이나 기세로 상대를 누름.

만주족 만주 지방에 흩어져 살다가 금나라와 청나라를 세우고 중국을 지배한 민족.

변발 남자의 머리를 뒷부분만 남기고, 나머지 부분을 깎아 뒤로 길게 땋아 늘인 머리 모양.

편찬 여러 가지 자료를 모아 짜임새 있게 정리하여 책을 만듦.

01 뜻에 알맞은 낱말이 되도록 글자를 모두 찾아 ○ 하세요.

(1) 여러 가지 자료를 모아 짜임새 있게
정리하여 책을 만듦.

| 의 | 편 | 찬 | 성 |

(2) 강한 힘이나 기세로 상대를 누름.

| 제 | 동 | 축 | 압 |

(3) 어떤 목적을 이루려고 사람이나 물건, 방법
등을 한데 모음.

| 지 | 동 | 원 | 일 |

(4) 외국에 보내어져 기독교의 교리를 알리고
사람들에게 믿게 하는 일을 하는 사람.

| 선 | 교 | 구 | 사 |

02 뜻에 알맞은 낱말을 보기 에서 찾아 (   ) 안에 기호를 쓰세요.

보기
⊙ 한족
ⓒ 변발
ⓒ 만주족
ⓔ 장발

(1) 남자의 머리를 뒷부분만 남기고, 나머지 부분을
깎아 뒤로 길게 땋아 늘인 머리 모양.   (   )

(2) 만주 지방에 흩어져 살다가 금나라와 청나라를
세우고 중국을 지배한 민족.   (   )

03 (   ) 안에 알맞은 낱말을 보기 에서 찾아 기호를 쓰세요.

보기   ⊙ 선교사   ⓒ 제압   ⓒ 동원   ⓔ 변발   ⓜ 편찬   ⓱ 만주족

(1) 유명한 작가의 작품을 모아 정리한 책이 (   )되었어요.

(2) 만주 지역에 살던 (   )은 청나라를 세우고 약 300년 동안 중국을 지배했어요.

(3) 내 꿈은 외국에 나가 기독교를 널리 알리는 (   )가 되는 것이에요.

(4) 청나라 남자들은 뒷머리를 길게 땋아 늘인 (   )을 했어요.

(5) 경찰관은 저항하는 도둑을 단번에 (   )하고 체포했어요.

(6) 성벽을 쌓기 위해 수많은 백성이 (   )되었어요.

중국 혁명의 아버지, 쑨원

　20세기 초 청나라에서는 혁명을 일으켜 새로운 나라를 건설해야 한다는 목소리가 높았어요. '중국 혁명의 아버지'로 불리는 쑨원도 그중 한 사람이었어요.

▲ 쑨원

　쑨원은 원래 의사였어요. 어릴 때는 서당에 다니며 전통적인 교육을 받았지만, 하와이로 유학을 가 서양 학문을 배우면서 민주주의에 대해 알게 되었지요. 이후 쑨원은 홍콩에서 의학을 공부하고 의사가 되어 청나라로 돌아왔는데, 청나라 관리들의 부정부패와 서양 열강의 횡포를 겪으면서 새로운 중국을 세우기로 결심했어요.

　쑨원은 비밀 조직을 만들고 혁명을 계획했지만 번번이 실패했어요. 쫓겨 다니는 신세가 된 쑨원은 외국으로 건너가 중국의 사정을 세계에 널리 알렸어요. 그리고 국내외의 많은 혁명 세력들을 모아 '중국 동맹회'를 만들었어요.

　1911년 청나라에서 신해혁명이 일어나고 중화민국이 세워지면서 쑨원은 중화민국의 임시 대총통이 되었어요. 쑨원은 혁명이 계속돼 나라가 혼란해지면 열강들이 중국을 계속 침략할 것이라고 생각했어요. 그래서 청나라를 멸망시키고 공화국을 세운다는 조건으로 당시 군인이었던 위안스카이에게 대총통의 자리를 넘겨주었어요. 쑨원은 자신의 권력보다 중국 국민을 더 생각했던 것이지요.

　하지만 위안스카이는 쑨원과의 약속을 어기고 스스로 황제의 자리에 올랐다가 얼마 후 병으로 죽고 말았어요. 이에 쑨원은 소련의 도움을 받아 혼란한 중국을 통일하고 진정한 중화민국을 세우고자 했지요. 그러나 쑨원도 병에 걸려 중국의 통일을 볼 수 없었어요. 결국 쑨원은 "중국을 구하라."라는 말을 남기고 60세의 나이로 세상을 떠나고 말았어요.

세계사 3권 1주 해답

1일 어휘 (11쪽)

01 ⑴ 지중해 ⑵ 도와줌 ⑶ 부활 ⑷ 고대
⑸ 중세

02 ⑴ ㉡ ⑵ ㉢ ⑶ ㉠

03 ⑴ 지중해 ⑵ 중세

1일 독해 (13쪽)

01 르네상스

02 ②

03 ⑴ 인간, 사실적으로 ⑵ 소설

04 ㉠, ㉡

2일 어휘 (15쪽)

01 ⑴ × ⑵ × ⑶ × ⑷ ○ ⑸ ○

02 ③

03 ⑴ ㉢ ⑵ ㉣

2일 독해 (17쪽)

01 ③

02 에스파냐, 포르투갈

03 ⑴ ㉢ ⑵ ㉡ ⑶ ㉠

04 ⑴ × ⑵ × ⑶ ○

3일 어휘 (19쪽)

01 ⑴ 번, 영 ⑵ 원, 주, 민 ⑶ 노, 예

02 ⑴ ㉡ ⑵ ㉢ ⑶ ㉠

03 ⑵, ⑶, ⑸

3일 독해 (21쪽)

01 아스테카 제국, 잉카 제국

02 ①, ④

03 에스파냐, 코르테스, 피사로

04 꽈리

4일 어휘 (23쪽)

01 ⑴ ㉢ ⑵ ㉥ ⑶ ㉡ ⑷ ㉤ ⑸ ㉠ ⑹ ㉣

02 ⑴ 시, 녀 ⑵ 주, 도

03 ⑴ 반박문 ⑵ 개혁 ⑶ 부패 ⑷ 신학

4일 독해 (25쪽)

01 면벌부

02 롱이, 핫또야

03 ⑴ ㉡ ⑵ ㉠

04 ①

5일 어휘 (27쪽)

01 ⑴ 위 ⑵ 왕 ⑶ 식민지 ⑷ 부강 ⑸ 왕
⑹ 에스파냐

02 ⑴ 부, 강 ⑵ 왕, 권 ⑶ 해, 상

03 ⑴ ㉡ ⑵ ㉠ ⑶ ㉢

5일 독해 (29쪽)

01 절대 왕정

02 ②, ③

03 ⑴ ㉡ ⑵ ㉠

04 태양왕, 베르사유

6일 복습 (30~31쪽)

① 후원
② 지중해
③ 항로
④ 개척
⑤ 원주민
⑥ 부패
⑦ 개혁
⑧ 부강

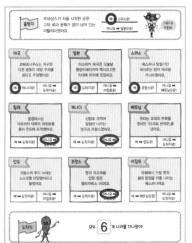

1일 어휘 (35쪽)

01 (1) ✕ (2) ◯ (3) ✕ (4) ◯ (5) ◯ (6) ✕

02 (2), (3)

03 (1) 임금 (2) 증기 기관

1일 독해 (37쪽)

01 방적기, 방직기, 증기 기관

02 (1) ㉡ (2) ㉢ (3) ㉠

03 산업 혁명

04 ①, ④

2일 어휘 (39쪽)

01 (1) ㉠ (2) ㉣ (3) ㉡ (4) ㉤ (5) ㉢ (6) ㉥

02 (1) ㉡ (2) ㉠ (3) ㉢

03 ④

2일 독해 (41쪽)

01 핫또야, 소라

02 국민 의회, 바스티유

03 인권 선언

04 ②

3일 어휘 (43쪽)

01 (1) 부, 과 (2) 이, 민, 자 (3) 금, 광
(4) 정, 착

02 (1) ㉡ (2) ㉠

03 (1) 부과 (2) 정착 (3) 금광 (4) 합중국
(5) 의회 (6) 이민자

3일 독해 (45쪽)

01 ④

02 보스턴 차 사건

03 ㄷ, ㄹ, ㄱ, ㄴ

04 (1) ○ (2) ○ (3) ✕

4일 어휘 (47쪽)

01 소라

02 (1) ○ (2) ✕ (3) ✕

03 (1) 해방 (2) 우세 (3) 당선 (4) 기지
(5) 폐지 (6) 통합

4일 독해 (49쪽)

01 남부, 북부

02 (1) ㄴ (2) ㄱ

03 ㄹ, ㄷ, ㄴ, ㄱ, ㅁ

04 (1) ○ (2) ✕ (3) ✕ (4) ○

5일 어휘 (51쪽)

01 (1) 점령 (2) 강한 (3) 정당화 (4) 제공
(5) 분할

02 (1) ㄴ (2) ㄱ

03 (1) 열, 강 (2) 점, 령 (3) 분, 할

5일 독해 (53쪽)

01 또띠, 빵이

02 제국주의

03 (1) 영국 (2) 네덜란드 (3) 프랑스

04 ②, ④

6일 복습 (54~55쪽)

① 임금
② 개량
③ 인권
④ 정착
⑤ 이민자
⑥ 통합
⑦ 분할
⑧ 열강

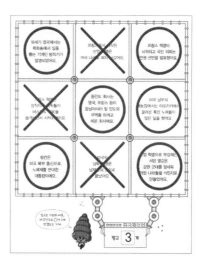

1일 어휘 (61쪽)

01 (1) ○ (2) ✕ (3) ○ (4) ✕ (5) ○ (6) ✕

02 (1) ㉡ (2) ㉠

03 (3), (4)

1일 독해 (63쪽)

01 비잔티움, 이스탄불

02 이슬람교, 술탄

03 빵이

04 ②, ③

2일 어휘 (65쪽)

01 (1) ㉤ (2) ㉠ (3) ㉢ (4) ㉡ (5) ㉣

02 (1) 주도권 (2) 근대화

03 (2), (3)

2일 독해 (67쪽)

01 ③, ④

02 탄지마트

03 (1) 아니요 (2) 예 (3) 예

04 청년 튀르크당

3일 어휘 (69쪽)

01 (1) 수용 (2) 개간 (3) 탄압 (4) 화합
(5) 고유 (6) 도모

02 ②

03 (1) 도, 모 (2) 수, 용

3일 독해 (71쪽)

01 무굴 제국

02 ④

03 (1) ○ (2) ○ (3) ✕ (4) ✕

04 ③

4일 어휘 (73쪽)

01 (1), (3), (6)

02 (1) ㉢ (2) ㉠ (3) ㉡

03 소라

4일 독해 (75쪽)

01 싸게, 인도

02 세포이

03 ㉠, ㉢

04 또띠

5일 어휘 (77쪽)

01 (1) 무장봉기 (2) 구세주 (3) 저항

02 또띠, 롱이

03 (1) ㉠ (2) ㉣ (3) ㉤ (4) ㉡ (5) ㉤ (6) ㉢

5일 독해 (79쪽)

01 에티오피아

02 (1) ㉡ (2) ㉠

03 ①, ③

04 (1) ○ (2) ✕ (3) ○

6일 복습 (80~81쪽)

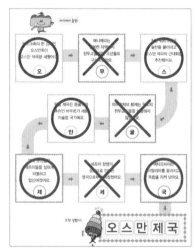

1일 어휘 (85쪽)

01 (1) 과시 (2) 빈번하다 (3) 장려 (4) 즉위
(5) 황궁 (6) 외적

02 (1) ㄷ (2) ㄱ (3) ㄴ

03 (1) 빈번해서 (2) 장려 (3) 과시

1일 독해 (87쪽)

01 명나라

02 소라

03 ②, ④

04 정화

2일 어휘 (89쪽)

01 (1) 편, 찬 (2) 제, 압 (3) 동, 원 (4) 선, 교, 사

02 (1) ㄴ (2) ㄷ

03 (1) ㅁ (2) ㅂ (3) ㄱ (4) ㄹ (5) ㄴ (6) ㄷ

2일 독해 (91쪽)

01 후금, 팔기군

02 (1) ✕ (2) ○ (3) ✕ (4) ○

03 ㄷ, ㄹ

04 ②

3일 어휘 (93쪽)

01 (1) ㄱ (2) ㄴ (3) ㅂ (4) ㅁ (5) ㄷ (6) ㄹ

02 (1), (3)

03 (1) 체결 (2) 조약 (3) 속셈

3일 독해 (95쪽)

01 소라

02 아편, 은

03 (1) ㉠ (2) ㉡

04 ①, ③

4일 어휘 (97쪽)

01 (1) ✕ (2) ✕ (3) ○ (4) ○ (5) ○ (6) ✕

02 ④

03 (1) 설립 (2) 하급 (3) 집권

4일 독해 (99쪽)

01 에도, 다이묘

02 (1) ○ (2) ✕ (3) ○ (4) ✕

03 메이지 유신

04 ㉠, ㉣

5일 어휘 (101쪽)

01 (1), (2), (6)

02 (1) 반감 (2) 확산 (3) 육성

03 (1) 민, 중 (2) 보, 수 (3) 서, 태, 후

5일 독해 (103쪽)

01 ①

02 ①, ④

03 쑨원

04 중화민국

6일 복습 (104~105쪽)

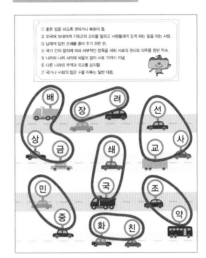

① 장려
② 선교사
③ 배상금
④ 조약
⑤ 화친
⑥ 쇄국
⑦ 민중